本书由北京大学汇丰金融研究院资助出版

中国信用衍生工具研究

RESEARCH ON CHINA'S CREDIT DERIVATIVES

睢 岚 ◎ 著

图书在版编目(CIP)数据

中国信用衍生工具研究/睢岚著. —北京:北京大学出版社,2015.3
ISBN 978-7-301-25534-6

Ⅰ.①中… Ⅱ.①睢… Ⅲ.①贷款管理—金融衍生工具—研究—中国 Ⅳ.①F832.4

中国版本图书馆 CIP 数据核字(2015)第 033793 号

书　　　名	中国信用衍生工具研究
著作责任者	睢　岚　著
责任编辑	周　玮
标准书号	ISBN 978-7-301-25534-6
出版发行	北京大学出版社
地　　　址	北京市海淀区成府路 205 号　100871
网　　　址	http://www.pup.cn
电子信箱	em@pup.cn　　QQ:552063295
新浪微博	@北京大学出版社　@北京大学出版社经管图书
电　　　话	邮购部 62752015　发行部 62750672　编辑部 62752926
印　刷　者	北京宏伟双华印刷有限公司
经　销　者	新华书店
	730 毫米×1020 毫米　16 开本　10 印张　127 千字
	2015 年 3 月第 1 版　2015 年 3 月第 1 次印刷
印　　　数	0001—2000 册
定　　　价	32.00 元

未经许可,不得以任何方式复制或抄袭本书之部分或全部内容。
版权所有,侵权必究
举报电话:010-62752024　电子信箱:fd@pup.pku.edu.cn
图书如有印装质量问题,请与出版部联系,电话:010-62756370

前　言

在过去十几年间,国际信用衍生工具市场发展迅猛,特别是由信用违约互换(CDS)支持的低信用等级贷款规模已十分庞大,同时投机性的 CDS 交易大大超过标的债务额。截至 2007 年,CDS 名义额已经超过当年全球的 GDP 总和,在这种情况下,一旦发生系统性风险,整个市场将面临崩溃,这正是引发 2008 年国际金融危机的导火索。危机过后,对信用衍生工具市场的清理与改革已经开始,各国监管当局均对信用衍生工具交易做出了更严格的要求,这无疑为我国开展信用衍生工具业务提供了宝贵的经验。我国信用衍生工具市场起步较晚,以 2010 年上市交易的信用风险缓释工具(CRM)为标志(中国版的 CDS),整个市场呈现出交易主体单一、流动性欠佳的格局。如何正确发展信用衍生工具市场,实现金融机构信用风险的有效转移,降低系统性风险,是我国迫切需要解决的问题。

本书基于国际、国内信用衍生工具市场发展的现实情况,对若干影响当前中国信用衍生工具市场的热点和重点问题,运用定性、定量的研究方法进行了较为全面和深入的分析。本书包括两大部分,共六个章节。

第一部分包括第一、二章,是对国际、国内信用衍生工具市场发展的概括和描述,并分析提出了中国信用衍生工具市场存在的主要不足。具体地,第一章在介绍信用违约互换(CDS)、担保债务凭证(CDO)等主要信用衍生产品的基础上,介绍了信用衍生工具市场的发展历程,对 2008 年金融危机后国际信用衍生工具市场监管的创新措施进行了梳理,并对危机后国际信用衍生工具市场的发展情况做了简要介绍。第二章从原生产品市场、市场主体参与相关业务实践、信用衍生工具市场对我国各主要金融机构的作用、监管体系和制度框架等方面分析了中国发展信用衍生工具市场的市场基础,并介绍了信用风险缓释合约(CRMA)、信用风险缓释凭证(CRMW)等中国的信用衍生工具发展情况,提出了中国发展信用衍生工具市场面临的主要问题是市场参与者结构单一、市场不够活跃、运行机制尚不完善、针对信用衍生工具市场的监管和法律制度还不健全等,并从为金融机构提供有效的风险管理手段、为宏观审慎管理提供微观支持以及促进直接融资比重明显提高、稳步推进利率市场化等微观和宏观两个层面,进一步阐述了发展信用衍生工具市场对完善中国金融市场体系的重大意义。

本书第二部分包括第三至六章,对信用衍生工具市场的一些核心问题进行了重点研究。具体地,第三章在简单介绍 CDS 产品定价主要理论模型的基础上,结合中国信用衍生工具的实际情况,对"中国版 CDS"——信用风险缓释工具的估值定价问题进行了探讨,并提出了一个适用于中国的信用风险缓释工具定价模型。第四章在定价模型的基础之上,进行了影响信用风险缓释工具价格的模型外生因素实证研究。第五章从理论上探讨了信用衍生工具市场与金融稳定性的关系,得出了需要辩证地看待信用衍生工具的风险转移功能对金融稳定性的影响、要结合新兴市场的金融实践进行研究、要将推动信用衍生工具发展与构建宏观审慎政策框架结合起来研究的结论。第六章从信用风险缓释工具的角度,剖析了信用衍生工具对宏观审慎政策的双重影响。研究发现,尽管目前对于信用衍生工具市场存在不少争议,但就中国而言,信用衍生工具是发展不足而不是过度的问题。在推动信用衍生工具发展的过程中,关键是在充分发挥信用衍生工具在缓释信用风险、加强逆周期调节方面作用的同时,限制其对金融稳定可能产生的负面效应。

本书系北京大学汇丰金融研究院资助的研究项目《信用风险缓释工具(CRM)在中国的发展与创新研究》的研究成果,感谢北京大学汇丰金融研究院对本书写作的资助和支持。还要感谢我的硕士研究生施觥文、陈宇静和乔诗涵,他们参与了本书前期的数据资料收集以及文稿写作等工作。就北京大学出版社总编辑助理兼经管图书事业部主任林君秀对本书出版的关心,以及周玮编辑对本书的专业审读,在此一同表示由衷的感谢。

  本书引用了大量资料和文献,所有引用文献均列于参考文献中。由于写作时间仓促,涉及内容众多,错误和疏漏在所难免,欢迎读者批评指正。

睢 岚
2015 年 1 月
于北京大学汇丰商学院(深圳)

| 第一章 | 国际信用衍生工具市场概况 | /1 |

一、概念与主要产品　　/1
二、国际信用衍生工具市场发展阶段　　/8
三、金融危机后国际信用衍生工具市场监管的创新措施　　/12
四、金融危机后国际信用衍生工具市场发展情况　　/21

| 第二章 | 中国发展信用衍生工具市场的基础与现状 | /26 |

一、中国发展信用衍生工具市场的市场基础　　/28
二、中国信用衍生工具市场的制度安排、现状及问题　　/36
三、信用衍生工具市场对中国各主要金融机构的作用　　/47
四、信用衍生工具市场对完善中国金融市场体系的重大意义　　/53

| 第三章 | 中国信用风险缓释工具定价理论模型 | /57 |

一、文献综述　　/58
二、模型构建　　/62

| 第四章 | 中国信用风险缓释工具定价实证研究 | /76 |

一、文献综述　　/76
二、数据和实证模型　　/78

第五章 关于信用衍生工具发展对金融稳定性影响的理论探讨 /85
　一、认为信用风险转移损害金融稳定性的研究 /85
　二、认为信用风险转移增强金融稳定性的研究 /96
　三、认为信用风险转移对金融稳定性具有双重影响的研究 /101
　四、小结 /107

第六章 信用风险缓释工具与宏观审慎政策 /109
　一、宏观审慎政策 /109
　二、信用风险缓释工具对宏观审慎政策的积极作用 /114
　三、信用风险缓释工具对宏观审慎政策的负面影响 /122
　四、小结 /131

参考文献 /135

附录 /145

第一章　国际信用衍生工具市场概况

继20世纪90年代中期摩根大通(J. P. Morgan)推出第一个信用衍生工具(又称信用衍生品,Credit Derivatives)开始,信用衍生工具便逐渐成为银行等金融机构应对信用风险、改善资产负债状况和降低筹资成本的重要工具。然而,作为场外交易的信用衍生工具,其交易透明性低,交易对手风险大,监管相对匮乏,因此其也成为触发2008年金融危机的主要因素。

本章从信用衍生工具的概念与主要产品类别出发,介绍了国际信用衍生工具市场的概况,主要包括信用违约互换、总收益互换、信用联系票据、信用利差期权和担保债务凭证等几个类别。通过简要阐述国际信用衍生工具市场的发展阶段,总结并归纳2008年金融危机后,国际市场(如美国、英国和欧盟市场)针对信用衍生工具市场监管的主要创新举措以及市场概况和发展趋势。

一、概念与主要产品

按照国际掉期与衍生产品协会(International Swaps and Derivatives Association,简称ISDA)的定义,信用衍生工具是用来分离和转移信用风险的各种工具和技术的统称,其最大的特点是能将信用风险从市场风险中分离出来,并提供风险转移机制。狭义而言,信用衍生工具是一种用来交易信用风险的金融合约,合约价值基于标的公司、主权实体或是证券的信用表现,当信用事件发生时,提供与信用风险造成的损失有关的保险。其中,信用事件可以是拒付、破产等违约事件,也可以是包括借款者信用品质变化的信号,比如信用降级、债务重组等事件。比较有代表性的信用衍生工具主要包括信用违约互换、总收益互换、信用联系票据、信用利差期权和担保债务凭证等。以下,将就各主要类别进行简要介绍和阐述。

(一) 信用违约互换

信用违约互换(Credit Default Swap,简称 CDS)又称信用违约掉期,是最基础并且应用最广的信用衍生品。买方(寻求信用风险保护一方)向卖方(提供信用风险保护一方)定期支付固定费用,在约定时期内,如果参考实体(承载信用风险的第三方实体,比如买方所持有债券的发行公司)发生信用事件,卖方需向买方支付与信用事件相关的损失(损失价值为第三方债券面值减去信用事件后的债券市值)。信用事件即违约事件,但与违约不同。违约是债务人拒绝支付,违约事件则是有关金融交易的法律文件规定的事件。根据 ISDA 有关信用违约互换的标准文件中的规定,违约事件包括:破产、拒付、重组、政府债务拒付或延付以及债务提前。CDS 可看作针对信用事件的保险。CDS 买方支付可以是一次性的,也可以是分期支付。卖方偿付的形式分为以债券为主的实物交割和现金交割两种,一般采用实物交割的方式。CDS 主要在机构投资者之间进行交易,用于 CDS 交易的基础债券相当广泛,从金融机构债到高等级企业债都可以成为 CDS 的基础债券。CDS 的期限也很灵活,从 1 年期到 10 年期都很常见。信用违约互换主要有三种类型:单一名称的信用违约互换、信用违约互换指数和一篮子信用违约互换。

单一名称的信用违约互换(Single Name CDS)是信用衍生品的最早形式。所谓"单一名称",是与"指数"相对应的含义。单一名称的信用违约互换一般参考实体为单一经济实体；而信用违约互换指数（CDS Indices）反映了由多个单一参考资产信用风险合成的信用资产的各个 CDS 的风险加权值之总和随时间波动的情况。

目前，有两大主要的信用违约互换指数。一个为 CDX 指数，反映北美和新兴市场信用衍生品市场的情况。例如，5—10 年的 CDX NAIG 指数的标的资产是由北美 125 家具有投资级别公司债务的信用价差组成。这 125 家公司包括 25 家金融机构、20 家运输行业公司、20 家工业类公司、30 家消费类公司、20 家能源类公司和 10 家汽车制造公司。另一个为 iTraxx 及各项分类指数。iTraxx 及各项分类指数主要用于欧洲市场和亚洲市场。例如，5—10 年的 iTraxx Europe 指数的标的资产是由欧洲 125 家具有投资级别公司债务的信用价差组成。这 125 家公司分布于金融业、运输业、工业、消费业和能源业这五个产业。信用违约互换指数具有标准化和流动性两大特点，能比 CDS 更加迅速地反映信用衍生品市场的状况，投资者可通过参考信用违约互换指数的变化来获取市场波动的信息。具体来说，投资者通过对比信用违约互换指数的市场价格和其理论价格，来判断整个市场的未来走势。譬如，当信用违约互换指数的市场价格高于其理论价格时，表明信用违约互换指数市场上的大部分交易者愿意对信用违约风险购买信用保护，其需求方大于供给方，从而推动了信用违约互换指数的上升，进而反映投资者对市场的预测是熊市。

一篮子信用违约互换（Basket CDS）是将 3—100 个参考资产组成资产组合后，作为一篮子信用违约互换的参考资产。一篮子信用违约互换与信用违约互换指数的相同点在于其参考的都是资产组合而不是单一资产；不同点在于信用违约互换指数的参考资产组合均为经济实体，而一篮子信用违约互换包含很多特别的产品，如满篮子 CDS（Full Basket CDS）和首次违约触发信用篮子（First to Default Basket）等，其参考资产组合的复杂性造成一篮子信用违约互换的定价更加困难。

表 1.1 为美国货币监理署整理的参与 CDS 交易的主体概况。

表 1.1 CDS 主要参与者

主要参与者	交易方向	交易目的
商业银行	主要买方	防范信用风险,降低风险资产的比例,提高资本充足率,进行风险管理
保险公司、资产管理公司	主要卖方	风险服务,投机交易
投资银行、对冲基金	买方和卖方	投机交易,套利交易
财产险公司、寿险公司	买方和卖方	风险对冲、投机交易以及债券替代品
再保险公司	主要卖方	提供信用风险保护,制造信用风险多头
企业	主要买方	对冲应收账款等债务关系带来的信用风险

资料来源:美国货币监理署(Office of the Comptroller of the Currency)。

2004 年之前,单一名称 CDS 一直是信用衍生品市场最主要的产品,但随后各种创新产品不断涌现,组合产品及其他复杂的信用衍生产品相继出现并迅速发展。组合产品的重要代表即为指数 CDS,由于指数 CDS 交易提供的是基于指数中所有经济实体的信用保护,是一种高度标准化的信用衍生品,故比普通 CDS 更具流动性。相对复杂的信用衍生产品,如担保债权工具(Collateralized Debt Obligations,简称 CDO)、总收益互换(Total Return Swap,简称 TRS)、信用联结票据(Credit Linked Note,简称 CLN)、信用息差期权(Credit Spread Option,简称 CSO)等,将会在下文中进行简要描述。

(二)总收益互换

总收益互换(Total Return Swap,简称 TRS)指信用保障买方在协议期间将参照资产的总收益转移给信用保障卖方的一种信用衍生工具。总收益可以包括本金、利息、预付费用以及因资产价格的有利变化带来的资本利得;作为交换,信用保障卖方则承诺向对方交付协议资产增值的特定比例,以事先约定的利率为基础,通常为 LIBOR(伦敦同业拆借利率)加一个差额,以及因资产价格的不利变化带来的资本亏损。总收益互换是一种柜台交易产品,它既不能进行证券化,也不能在二级市场上进行交易。大多数总收益互换的期限都很短,通常为 3—5 年,比标的工具的期限(通常为 5—10 年)要短。其中,总收益互换的交易双方分别称为总收益操纵者(即信用保障买方)和总收益接收者(即信用保障卖方)。

与信用违约互换一致,在总收益互换交易中,信用风险的承担者无须增加自己的资产负债表规模,而可将其作为表外业务处理。总收益互换与信用违约互换的最大区别在于:信用违约互换仅仅实现了参考资产的信用风险转移;而总收益互换交易不仅转移了参考资产的信用风险,参考资产的其他风险(如汇率风险和利率风险)也可在该交易中一并转移,从而实现了参考资产所有风险的完全转移。例如,如果某信用事件导致了信用资产的市场价值下降,若总收益互换的买方从卖方处所获得的利息收入大于其向卖方支付的总收益,则二者的差额便可能冲销该信用资产市场价值下降所引致的损失。

(三)信用联系票据

信用联系票据(Credit-Linked Note,简称 CLN)是一种同货币市场票据相联系的信用衍生工具。信用联系票据通过将普通的固定收益证券与信用违约互换相联系,为信用联系票据的卖方提供信用保护。具体来说,一旦信用联系票据的标的资产发生违约,信用联系票据的买方将会承担因违约所导致的损失;而信用联系票据的卖方(即信用联系票据的发行方)作为信用保护的购买者,需要向信用联系票据的买方(信用保护的卖方)支付一定的费用以获得信用保护。需要指出的是,由于保护买方事先从投资者(保护卖方)手中收到票据的本金,故保护买方无须承担投资者的违约风险,从而避免了交易对手风险。在信用联系票据有效期内,若未发生信用违约事件,则在信用联系票据到期时,信用联系票据卖方需要向信用联系票据买方归还全部的本金;若发生了信用违约事件,信用联系票据卖方只需向信用联系票据买方支付信用资产的残留价值即可。

作为表内交易的一种,信用联系票据还可以作为一种融资手段。譬如,当银行利用信用联系票据对冲贷款信用风险的时候,作为发行一方的银行,便可从购买一方获得现金的流入。因此,银行可以将信用联系票据作为对其资产进行重组的重要手段。通过信用联系票据,将其不想继续持有的信用资产风险转移出去,同时获得确定的现金流,以构建更为理想的资产组合,进而提高银行的风险管理水平。

此外,发行信用联系票据,还可使银行在一定程度上规避巴塞尔协议中关于银行业资本充足率的要求。对于不同的资产,巴塞尔协议依据交易对手的不同规定了不同的风险权重。由于信用联系票据将参考资产的风险完全转移,该资产的风险权重为0,因此银行不需要为该资产分配资本,从而大大节约了资本金。

(四)信用利差期权

信用利差期权(Credit Spread Option,简称CSO)是将期权应用于信用风险管理过程中的信用衍生工具。信用利差期权是以无风险零息票债券与风险债券两者的利息率差额作为标的的期权。信用利差期权的多头向空头支付期权费,从而获得在未来市场上,当利差高于约定的利差时,要求空头执行清偿的权利。因此,期权的持有者通过向期权的出售者支付一定的期权费,实现了信用利差波动风险的转移,从而防范了某些信用敏感型债券由于信用等级下降所引致的损失。

(五)担保债务凭证

担保债务凭证(Collateralized Debt Obligation,简称CDO)源于美国的住房抵

押贷款证券化,是典型的证券化产品。它是将一系列债权资产(包括贷款、债券以及其他结构性产品)组合起来,并以其现金流为支持发行的债务凭证。评级公司会将这些资产分成不同的资产系列类别,分别为优先级(Senior Tranches,AAA 评级)、中间级(Mezzanine Tranches,AA 至 BB 评级)和股权级(Equity Tranches,无评级)。资产池中产生的现金流,依据优先级—中间级—股权级的顺序进行分配。一旦资产池中的资产出现损失,损失程度顺序与现金流分配顺序相反,按照股权级—中间级—优先级分配损失。

按照资产管理的方式,CDO 可以分为现金流型 CDO(Cash Flow CDO)和市场价值型 CDO(Market Value CDO)。现金流型 CDO 主要是管理基础投资组合的信用质量;而市场价值型 CDO 则通过更为频繁的交易来增加投资者的回报。

CDO 是以抵押债务信用为基础,基于各种资产证券化技术,对债券、贷款等资产进行结构重组,重新分割投资回报和风险,以满足不同投资者需要的创新型衍生证券产品。作为一种固定收益证券,担保债务凭证的现金流量具有较高的可预测性,因而可以满足不同投资者的投资需求。通常创始银行将拥有现金流量的资产汇集群组,然后转给特殊目的实体(Special Purpose Entity,简称 SPE),进行资产包装及分割,以私募或公开发行方式卖出固定收益证券。CDO 的发行者一般是投资银行,在 CDO 发行时赚取佣金,并在 CDO 存续期间赚取管理费。

CDO 的出现很大程度上推动了债券市场容量的扩大,不仅为商业银行、非银行金融机构和企业提供了新的融资渠道,也为投资者提供了新的投资渠道,更为银行等金融机构提供了信用风险转移的渠道,大大增加了信贷市场的深度和流动性,促进了价格发现,从而更充分地发挥了信贷市场的资金融通功能。然而,CDO 同其他结构性金融产品一样,具有较大的潜在风险,特别是违约风险(即 CDO 资产组合发生违约事件的信用风险),美国次贷危机的爆发正是这一问题的有效印证。金融危机之后,与次级贷款关联度高、结构复杂的 CDO 产品几乎在市场上销声匿迹。

二、国际信用衍生工具市场发展阶段

20 世纪 90 年代中期,从摩根大通(J. P. Morgan)推出第一个信用衍生品开始,信用衍生品便逐渐成为银行等金融机构改善资产负债状况、降低筹资成本的重要工具。根据吉余峰和姜源(2011)对于信用衍生品市场发展阶段的划分,全球信用衍生品市场的发展可以划分为三个阶段:分别是 1995—2004 年的萌芽时期、2005—2008 年的发展时期和 2009 年至今的回调时期。

(一) 萌芽时期(1995—2004 年)

1995 年,摩根大通推出了第一个信用衍生品,自此全球信用衍生品市场开始发展,并逐步规范。1998 年,国际互换交易和衍生工具协会(ISDA)制定了第一个关于信用衍生品的协议文本,为信用衍生品的交易提供了参考依据。该协议文本的出现,提高了信用衍生品交易的规范性和效率,降低了交易协商的成本。1999 年,ISDA 又对信用事件的定义进行了修订,从而减少了信用衍生品交易双方对于信用事件概念理解上的分歧。其后,伴随着 2002 年 ISDA 颁布的 2002 ISDA Master Agreement 和 2003 年颁布的 2003 ISDA Credit Derivatives Definitions 等一系列权威交易文本的出台,促使信用衍生品交易更为规范,全球信用衍生品交易体系日渐成熟。

值得一提的是,大量信用事件在这一阶段爆发。例如,1997 年的亚洲金融危机、1998年的俄罗斯债务危机、2001年的美国互联网泡沫以及2002年的阿根廷债务危机等。宏观经济形势的变动触发了大量信用事件的涌现,造成了贷款违约率的急剧上升,一系列关联公司破产倒闭,乃至股票、债券和贷款等金融资产严重缩水。然而,信用衍生工具的合理应用分散了信用风险的集聚,有效地避免了全球性信用风险的爆发。这主要是源于,信用衍生工具不仅能够对冲单一的违约风险,对于经济衰退所引致的整体信用水平的下降,也可以通过信用衍生工具的科学运用,进行有效的风险对冲。

经过十年的平稳发展,信用衍生品市场形成了由银行、保险公司、投资银行和对冲基金等各类投资主体在内的,角色多元、结构庞大的市场。其中,商业银行主要买进信用衍生品,转移贷款或公司债的信用风险,从而降低其风险资产的权重,提高资本金的利用效率和收益;保险公司主要卖出信用产品,在信用衍生品市场上的功能类似于在保险市场上向投保方提供保险保障并获得相应的保险费;对冲基金和投资银行等机构主要从事交易和套利,对信用衍生品市场的流动性起到了一定程度的提升作用。一般来说,发达国家对金融衍生产品市场没有分层管理的要求,市场参与者自行选择交易对手,在市场发展过程中,自发形成了交易商间市场和交易商与客户间市场。

(二)发展时期(2005—2008年)

2005年以来,全球信用衍生品市场进入了疯狂发展的时期,其规模在2007年和2008年达到了峰值。从2005年开始,在信用衍生品市场规模急剧膨胀的同时,由于各种创新产品的交易结构日益复杂,风险转移和传递的链条越拉越长,导致其逐渐背离了风险可控的基本原则,而信用衍生品的应用也从信用风险管理功能转向纯粹的投机套利功能。最终,2008年金融危机的爆发,导致了信用风险大幅攀升,市场流动性急剧下降,各类信用资产大幅缩水,信用衍生品市场遭受了前所未有的严重冲击。

在这段时期,结构性信用衍生品的创新可谓突飞猛进。其中,担保债务凭证(CDO)成为了这一时期极具代表性的信用衍生工具。CDO经过对基础资产分层,分为优先级、中间级和股权级,满足了不同类型投资者的投资需求,从而将中小型投资者纳入信用衍生品市场,降低了信用风险互换的门槛。此外,担保债务凭证还可以同信用违约互换相结合,成为合成担保债务凭证(Synthetic CDO)。合成担保债务凭证的特点之一即特殊目的载体(Special Purpose Vehicle,简称SPV)不需要购买基础资产,而是通过卖出信用违约互换并投资在无风险债券从而实现债券的多头。由于不需要筹资购买基础资产,合成担保债务凭证没有基础资产规模的限制,因而能够发行更多的CDO。在这一阶段,合成担保债务凭证的发展十分迅速。

除了信用违约互换与担保债务凭证的合成外,这一阶段还出现了双重证券化的结构性工具。例如,资产支持证券(Asset Backed Securities,简称ABS)CDO即基础资产为ABS的CDO。另外,在普通CDO的基础上还衍生出单一分类CDO、组合分类违约互换、固定比例组合保险、固定比例债务凭证等各种类型的双重证券化工具。在这一阶段,尽管信用衍生工具在创新层面上更为深化,但这些设计复杂的信用衍生工具也为2008年金融危机埋下了伏笔。结构过于复杂的设计,使得信用衍生工具市场的发展逐渐背离了其创建初衷,即对冲信用风险,而更多地走向了投机。

与此同时,信用衍生工具的交易量也随市场的飞速发展而迅速增加。然而,作为场外交易的信用衍生工具,由于其交易透明性低,交易对手风险大,监管相对匮乏,也成为触发2008年金融危机的主要因素。

(三)回调时期(2009年至今)

2007年金融危机爆发后,全球信用衍生品市场的规模和交易量均呈现显著萎缩的状况。之后,各国监管当局及市场相关方面提出了一系列重大举措,信用衍生品市场正在向更为成熟稳健的方向发展,如建立标准化合约的中央对手方清算机制,提高信用衍生品市场的透明度,提高标准化程度等。

从图1.1各年信用违约互换合约的金额,可以看到:从2004年年末开始,信用违约互换合约的金额逐年攀升,并在2007年年末达到了峰值。随后,合约金额迅速萎缩。直至2010年,合约金额才在调整中逐渐恢复,并于2011年年末再次下滑。

从统计数据中还可以看出,在信用违约互换中,单一名称的信用违约互换在信用违约互换发展的早期占据了主流地位。随后,一篮子信用违约互换迅速发展,并在金融危机爆发前夕,其合约金额与单一名称的信用违约互换的合约金额十分接近。一篮子信用违约互换的迅速发展,从另一侧面体现出在金融危机前,复杂的信用衍生品在一定程度上导致了市场上系统性风险的集聚。危机之后,信用违约互换指数逐步涌现,在合约金额上,与单一名称的信用违约互换和一篮子信用违约互换几乎占据着同样的位置。

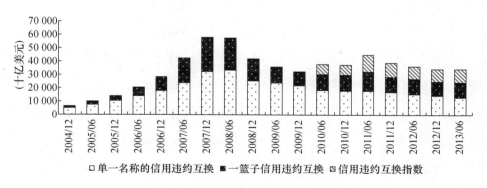

图1.1　全球信用违约互换合约金额

资料来源:国际清算银行(Bank of International Settlement,简称BIS)。

三、金融危机后国际信用衍生工具市场监管的创新措施

2008年金融危机爆发后,各国政府、监管机构和自律协会均采取了一系列措施来应对金融危机,并就国际信用衍生工具市场的监管进行了一系列的创新改革举措。本节主要从美国、英国和欧盟等市场所采纳的举措出发,通过枚举各项监管创新措施,从降低交易对手信用风险、提升市场透明度、促进产品标准化、加强国际间监管合作等角度,阐述其对维护国际信用衍生工具市场的平稳发展所起到的重要作用,并帮助理解后危机时代的市场发展趋势。

(一) 具体举措

1. 美国总统金融市场工作组的措施

2008年11月14日,美国总统金融市场工作组(President's Working Group on Financial Markets,简称PWG)公布了一系列加强柜台交易(场外)衍生品市场监管和建设的相关措施,具体包括发展信用违约互换/掉期(CDS)中央对手方清算机制,以及美联储、证券交易委员会(Securities and Exchange Commission,简称SEC)和商品期货交易委员会(Commodity Futures Trading Commission,简称CFTC)之间达成的有关CDS中央对手方清算机制的备忘录。PWG还公布了一套政策目标以应对柜台交易衍生品市场的挑战,并公布了一份加强柜台交易衍生品市场建设的进程概要。该政策目标主要涵盖四点:一是提升信用违约互换市场的透明度与诚信;二是强化柜台交易衍生品的风险管理;三是加强柜台交易

衍生品市场的基础设施;四是加强监管当局之间的合作。

2. 美国财政部颁布金融改革白皮书

2009年6月17日,美国财政部发布了《金融监管改革:新基础》的白皮书,计划对美国衍生品市场监管进行重大改革。对于场外衍生品市场,美国财政部提出了改革的主要目标:(1)加强对金融机构的全面、审慎监管;(2)建立金融市场的综合监管体系;(3)保护投资者,以免受金融市场操纵、欺诈和其他滥用行为的危害;(4)为政府设置必要的防范和应对金融危机的工具;(5)促进监管标准的国际化和国际监管合作。值得一提的是,这是美国政府首次将场外衍生品纳入监管范围,同时新法案限制了银行从事高风险的衍生品交易,要求银行将农产品掉期、能源掉期以及绝大多数金属掉期等风险较大的衍生品交易业务拆分到其附属公司,而自身仅保留利率掉期、外汇掉期以及金银掉期等业务。此外,新法案通过限制场外衍生品市场交易对手类型来保护不成熟的市场投资者,防止其购买与自身风险承受能力不匹配的高风险衍生品合约。为了更好地规范经纪商和投资顾问的义务,新法案对所有场外衍生产品市场交易商以及其他能够对其对手方形成大额风险头寸的机构实行稳健和审慎的监管,内容包括:保守的资本金要求、业务操守准则、交易报告制度以及与对手方信用风险相关的初始保证金要求;对于银行和银行控股公司的不通过中央清算进行的场外衍生产品交易,应适度提高资本金要求等。

3. 英国《2009年银行法》和《改革金融市场》白皮书

英国政府对于金融危机后的金融市场,尤其是针对衍生品市场的改革措施主要体现在两个文本中:一是2009年2月英国议会通过的《2009年银行法》(Banking Act 2009);二是2009年7月8日英国财政大臣达林公布的《改革金融市场》(Reforming Financial Markets)白皮书。英国《2009年银行法》共分为八个部分,包括特别解决机制、银行破产、银行管理、金融服务赔偿计划等核心内容,在系统性风险监管、危机银行救助、银行破产、存款人保护等方面实现了制度变革和发展。该银行法强化了对系统性风险的监管和相应处理的规范性,通过明确机构的分工与职责以及信息的交流,以达到强化金融稳定的目的。英格兰银行、金融服务局和财政部是三个责任机构,其中英格兰银行起着核心的作用。同时,该银行法通过"特别解决机制"的提出,令政府对危机银行的救助实现了法制化。"特别解决机制"由三种稳定选择(The Three Stabilization Options)、银行破产(Bank Insolvency)和银行管理(Bank Administration)三部分组成。此外,银行法还对金融服务赔偿计划进行了深入细化,对赔偿资金、赔偿计划与特别解决机制的关系、赔偿资金来源、赔偿要求和错误赔偿的补救等问题做了进一步规定。

《改革金融市场》白皮书的内容涉及改革监管机构、培育竞争市场、控制系统性风险、加强金融消费者利益保护、加强国际和欧洲监管合作等。在改革监管机构方面,白皮书建议成立金融稳定理事会(The Council for Financial Stability,简称CFS)来分析和检查英国经济金融稳定中出现的风险。为了培育竞争有效的金融市场,更好地服务消费者,白皮书建议应当在财政和货币指导、加强CFS的消费者能力、快速有效的赔偿(通过监管者或者法院)等方面推进改革。在控制系统性风险方面,白皮书提出英格兰银行、金融服务局和财政部需要把金融系统视为一个整体,具体措施包括:加强审慎性监管,提高金融机构风险暴露的透明度;强化具有系统重要性的批发金融市场的功能,尤其是证券和衍生品市场的监管;强化CFS在监控、评估和降低由于金融体系中的相互关联所导致的系统性风险方面的职能;抑制过度信用条件和风险承担行为,以降低金融传染风险;确保银行对经济波动的应对更加富有弹性,避免经济加剧下滑。在加强金融消费者利益保护方面,白皮书提出必须要确保消费者能够获得所需的金融服务,金融机构应该为消费者提供高度透明的金融产品,而对于给大部分消费者造成损害的金融产品和服务,消费者有权提起诉讼并追讨损失,同时须对存款保护做进一步的改进。在加强国际和欧洲监管合作方面,白皮书提出应当强化与国际特别是与欧洲金融监管部门的合作。

4. 欧盟的监管条例

2010年9月,欧盟委员会公布了《欧洲议会及欧洲理事会关于场外衍生品、CCP及交易报告库的监管草案》,该草案也被称为《欧洲市场基础设施监管规则》(European Market Infrastructure Regulation,简称 EMIR)。2012年3月,EMIR的最终版本确定,为监管场外金融衍生品交易铺平了道路。该监管规则主要体现在针对金融衍生合同的管理以及场外交易金融衍生品的结算制度管理。具体地,经场外交易达成的金融衍生品合同,应当报告受欧洲证券和市场服务局监管的中央数据中心,以利于欧盟监管机构掌握金融衍生品市场的整体情况,从而对潜在风险做出适时的预测。场外交易的金融衍生品达到特定标准的,必须通过中央结算所进行结算。中央结算所作为金融衍生品交易双方之外的第三方机构,可以有效防范因个别市场交易方破产而殃及整个金融体系的风险。

(二) 监管创新

1. 建立标准化合约的中央对手方清算机制

金融危机后,市场参与各方通过完善信用衍生品清算机制,来降低对手方信用风险,主要措施包括压缩交易(Trade Compression)和引入中央对手方(Central Counterparty,简称 CCP)清算机制。压缩交易是指多家金融机构通过达成一致安排,将彼此之间繁杂的交易予以压缩,从而实现净额清算。该安排不仅能够降低大量的冗余名义本金交易量,也能够降低各家金融机构的风险敞口。通过交易压缩减少风险暴露,从而能够减少交易对手风险,特别是当交易对手违约风险急剧加大时,衍生品市场的参与者能够通过压缩交易避免风险量的飙升。简而言之,压缩交易使得在总的净交易量和各方风险净敞口保持不变的情况下,减少衍生品交易的名义本金规模,并同时减少总交易数量。为保持交易的经济指标及净交易量不变,压缩后的交易必须拥有一致的风险状况以及现金流,并且对某个具体交易对手的风险敞口上限也须纳入考量。需要指出的是,压缩交易在金融危机爆发前,就已经在标准化程度较高的产品上得到了广泛的运用,例如利率互换等;而金融危机后,压缩交易在信用衍生品市场上才得以真正推广。为了提高压缩交易的效率,Creditex 公司和 Markit 公司合作开发了压缩交易系统。该系统能够在极短的时间内对不同交易商的上千张合约进行电子分类。事实表明,金融危机后,各商业银行在实际应用压缩交易后,其信用风险敞口的杠杆水平均有大幅显著的下降。

中央对手方清算机制是指由具备强大资金实力的中央交易对手方介入交易双方,成为"买方的卖方"和"卖方的买方"。中央对手方清算机制的实质是将交易双方的双边信用风险转换为中央对手方与交易方的标准化的信用风险。中央对手方机制的引入并没有把场外交易场内化,也没有改变各种金融工具原有的场外交易特性,交易双方仍是通过场外交易的方式达成交易。然而,通过在清算环节中引入中央对手方,实现了交易的多边净额结算,而这种中央化的清算使得单个机构转移交易对手风险至中央对手方。同时,中央对手方从多变净额中获益,并最终达到减少风险的目的。综上,CCP 的主要优势在于:(1)将信用衍生品纳入监管框架;(2)通过降低市场风险敞口和日常结算总风险,防止违约向金融系统蔓延,降低系统性风险;(3)简化交易结算,降低结算风险,提高了市场参与者管理交易对手风险的效率;(4)推动实施匿名交易,提高市场流动性;(5)避免双边法律协议和个别交易对手授信管理,降低操作风险。

2. 提高信用衍生品市场透明度

金融危机前,虽然美国货币监理署、国际清算银行等机构也按季或按年发布了关于信用衍生产品市场的相关数据信息,但由于缺乏统一的监管要求,各家机构在统计数据时,一般都是由相应的被监管机构(或主要交易商)主动提交报告,数据信息的准确性和全面性并不能得到保证。而且,数据信息分散在不同的监管或统计机构中,市场参与者和监管当局无法及时、全面、准确地掌握市场交易情况。因而,衍生品缺乏透明度也成为金融危机爆发的助推因素之一。由于场外衍生品作为金融机构的表外资产,其价值难以衡量,这些资产有时甚至被称为"有毒资产"。

金融危机后,信用衍生产品市场信息透明度较低的问题引起了广泛关注,提高信用衍生品市场的透明度成为了各国监管当局的改革目标之一,各国监管当局和市场相关方面都加强了信用衍生产品交易信息的报告和披露要求。一方面推动中央清算以实现信息集中,另一方面要求未经中央清算的交易须向受监管的交易储存库报告。美国市场积极推动中央清算机制,以实现信息集中,并由主要交易平台和交易信息库(Trade Repository)向公众提供市场敞口头寸和交易总量等数据信息,同时向主要监管机构报送交易数据。2008年3月,美国财务会计准则委员会(Financial Accounting Standards Board,简称FASB)引入了"Disclosure about Derivative Instruments and Hedging Activities"一句,要求披露交易中的对手风险,以及构成信用衍生品基础的核心债券相关信息,从而更详细地体现信用衍生品对机构投资者财务状况的影响。2008年10月,美国证券托管结算公司(Depository Trust and Clearing Corporation,简称DTCC)宣布,自11月4日起每周公布各家参考实体对应的CDS名义金额和净头寸数据。2010年5月,DTCC表示将进一步向公众公布不同币种的CDS交易量。据估计,目前DTCC的数据已能覆盖全球80%以上的CDS交易。该服务的出现,在一定程度上标志着CDS市场的透明度正在不断提高,有助于避免因信息不透明而产生的市场恐慌和剧烈波动。

3. 调整协议文本,全面推进标准化

场外衍生品与场内衍生品的最大特征之一就是场外衍生品的结构具有多样

性和复杂性。在场外衍生品市场,既有高度标准化的衍生产品,也有结构非常复杂的产品和专门定制的产品。金融危机的爆发表明,大量非标准化的产品出现,很可能破坏市场的基础结构,降低市场的透明度,增加市场的风险,从而影响市场的稳定性和市场效率的发挥。金融危机后,提高场外衍生品的标准化程度成为了各国监管机构的监管改革重点之一。各国监管机构都试图鼓励交易者使用标准化程度更高、结构相对更简单的衍生品,减少交易不必要的复杂衍生品,采用更健全的风险管理体系,降低衍生品交易中的操作风险。全面推进标准化主要体现在:

(1)改革法律文本。针对本次金融危机显露的问题,ISDA 在 2009 年 3 月 12 日发布了《2009 年 ISDA 信用衍生产品决定委员会与拍卖结算补充文件》和"大爆炸协议"(Big Bang Protocol),对信用事件的确认以及结算条款等事项进行了明确。市场参与者通过签订大爆炸协议,同意《2009 年 ISDA 信用衍生产品决定委员会与拍卖结算补充文件》中的有关约定,包括建立信用衍生产品决定委员会、引入强制拍卖结算条款、增设信用事件和承继事件回溯日等。

(2)调整交易报价方式。调整前,大多数单一名称 CDS 是以年基准点的方式进行报价。调整后,CDS 将按照固定票息和前端费用的方式进行交易。北美市场引入的固定票息包括 100 个基点和 500 个基点两种,其中投资级别为 100 个基点,非投资级别为 500 个基点。欧洲市场则还包括 25 个基点和 1 000 个基点两种。

从合约现值角度看,新的交易报价方式与旧的报价方式没有显著差别,但其优势在于:第一,提高了 CDS 合约标准化程度,为中央清算创造了条件;第二,消除了信用事件发生时 CDS 合约的息差风险。

4. 防范市场操纵、欺诈和其他市场滥用行为,保护不成熟投资者

美国《2009 年场外衍生品市场透明度和责任法》授权商品期货交易委员会

(CFTC)和证券交易委员会(SEC)收集市场信息,对威胁金融市场稳定的情况进行报告。要求 CFTC 对那些明显承担或者影响期货价格发现功能的场外衍生品交易设置头寸限制,限制范围包括某一类交易者的交易、卖空交易、合约期权、在指定合约市场交易的商品。大型互换交易还要满足 CFTC 特定的报告和信息披露要求。

为防止将场外衍生品销售给没有经验的投资人,美国监管当局规定,除了某些合格的市场参与者,个人参与互换交易将是非法的,除非这些互换合约受到交易所规则的约束,且交易所是《商品交易法》中所认定的合约市场。

5. 充分发挥资本金的作用

金融危机的爆发,从一定程度上表明现有的资本金计量低估了真实的风险。提高资本金的要求是清除场外信用衍生品市场系统性风险的另一改革举措。在巴塞尔协议方面,《巴塞尔协议Ⅲ》获得通过,确立了微观审慎和宏观审慎相结合的金融监管新模式,大幅度提高了商业银行的资本监管要求,建立了全球一致的流动性监管量化标准。新巴塞尔协议规定,截至 2015 年 1 月,全球各商业银行的一级资本充足率下限须由 4% 上调至 6%,由普通股构成的"核心"一级资本占银行风险资产的比例从 2% 提高至 4.5%。各家银行应设立"资本防护缓冲资金",总额不得低于银行风险资产的 2.5%,各国可根据情况要求银行提取占总风险加权资产比例 0—2.5% 的反周期缓冲资本,以便银行可以对抗过度放贷所带来的风险。此外,新巴塞尔协议还提出了 3% 的最低杠杆比率以及 100% 的流动杠杆比率和净稳定资金来源比率要求。

同时,美国新金融监管法案要求所有场外衍生产品市场交易商以及其他能够对其对手方形成大的风险头寸的机构须实行稳健和审慎监管,内容包括保守的资本金要求以及与对手方信用风险相关的保守的保证金要求;对于银行和银行控股公司不通过中央清算进行的场外衍生品交易,应提高资本金要求。欧盟委员会和英国监管者也提出,要加大中央清算和双边清算之间的资本差异,以控制市场风险。在2009年9月的G20峰会上,各国监管者也达成一致:非中央清算的合约应该比中央清算的合约执行更高的资本金要求,以与其风险相匹配。

6. 完善双边交易的抵押安排

中央对手方的引入能够有效地控制交易对手风险。在无法实现中央对手方清算机制的情况下,交易对手的抵押安排能够实现对交易对手信用风险的管理。在金融危机中,美国国际集团(American International Group,简称AIG)的许多交易对手都没有进行足够的抵押,从而使AIG集团在危机到来时蒙受了巨大的损失。同时,现有的抵押机制还存在诸多不足,例如抵押品的时滞性问题。当市场发生波动时,抵押品并未进行相应的调整,从而导致抵押品无法足额覆盖市场波动产生的风险暴露。此外,抵押品持有方破产时的过度抵押问题以及抵押品金额的巨大波动,也成为对市场造成冲击的重要问题。ISDA及其成员根据监管部门的要求,从2008年10月开始着手改革抵押品管理,主要工作集中于核对投资组合、发布完善抵押管理的路线图和建立新的抵押品争议解决机制三方面。扩大抵押的使用已成为长期趋势,抵押品的合理使用将有效降低交易对手风险,从而维护衍生品市场的稳定。

7. 加强国际监管的合作

随着经济全球化的发展,衍生品市场的全球化趋势正在不断加速。与此同时,各种金融问题的跨境传播速度也在不断加快,尤其是经济影响力强大的国家的衍生品市场波动将会对全球衍生品市场造成显著影响。鉴于此,一致的监管标准逐渐成为大势所趋。如果没有一致的监管标准,金融机构会逐渐向金融监管宽松的地域转移,不断打破监管的底线,从而增加全球金融体系的系统性风险。

金融危机后,各国监管机构都意识到国际监管合作的重要性。为了解决

"市场国际化"和"监管区域化"的问题,美国、英国都提出要加强场外衍生品市场的国际监管合作,希望在监管资本标准、国际金融市场监管、国际金融公司监督、金融危机的预防和应对等方面达成共识,并建议各国监管机构之间建立共享的信息库和共同的报告框架,使得信息可以在国际监管机构之间实现交流与共享。

8. 其他措施

美国的《多德—弗兰克法案》特别加强了对场外衍生品的监管,要求银行将高风险的衍生工具(比如垃圾债券的CDS)剥离到其特定的子公司(银行可保留常规的利率、外汇、大宗商品等衍生品);将大部分场外金融衍生产品移入交易所和清算中心;对从事衍生产品交易的公司实施特别的资本比例、保证金、交易记录和职业操守等监管要求;为防止银行机构通过证券化产品转移风险,要求发行人必须将至少5%的风险资产保留在其资产负债表上等。

四、金融危机后国际信用衍生工具市场发展情况

2008年金融危机的爆发,对国际信用衍生品市场发展的冲击巨大。在经历过金融危机前信用衍生品市场发展的高峰后,在后危机时代,国际信用衍生品市场将在调整中发展,并且逐渐向理性回归。以下将就后危机时代,国际信用衍生品市场的市场整体规模、产品结构特点、产品的功能使用、投资者的行为和市场监管等方面的新发展做一简要概述。

(一)市场规模呈现下降后的相对稳定格局

金融危机后,全球信用衍生产品市场整体规模出现了明显的下降趋势。根

据国际清算银行的统计数据,2007年年末全球CDS的市场规模达到了创纪录的58.24万亿美元,之后迅速下滑至2008年年末的41.88万亿美元,而2009年年末更是下滑至32.69万亿美元。到2010年6月,信用衍生品名义本金31万亿美元,但市值增加至1.7万亿美元。2007年年底以来,总计超过65万亿美元的CDS被压缩交易或由中央对手方清算,金额分别为58万亿美元和7万亿美元。中央清算所和净额结算的运用,使得总信用暴露的增速低于总市值增速。从中可以看出,金融危机后,信用衍生品市场并没有出现交易量的大幅萎缩,仍保持在一个相对稳定的调整发展态势。

从衍生产品类型看,信用衍生品的规模排在互换、期货/远期、期权之后,规模占比在金融危机后出现了下滑。以美国银行业持有的金融衍生品数据看,信用衍生品占比从2007年的9.58%下降到2013年第二季度末的5.72%,但近两年也基本稳定在这个水平上。

(二) 向简单产品回归

结合信用衍生品在金融危机中的表现可以看出,绝大多数信用衍生品经历住了金融危机的压力测试,实现了恢复性的增长。重要的是,结构简单且具有实际需求的金融衍生品更能适应市场的波动。从信用违约互换与其他金融衍生品的发展来看,基础性的信用衍生品将会是未来信用衍生品市场中的主流产品。

2010年6月,信用衍生品名义本金余额为31.42万亿美元,其中CDS占据95%以上的份额,而在2007年这个比例为88%。由此可见,金融危机后,信用衍生产品市场结构出现了明显变化,虽然信用违约互换交易总规模出现了一定程度的下降,但其他信用衍生产品的市场规模下降更为显著,尤其是与次贷高度关联、结构复杂的CDO产品,几乎淡出市场。相比复杂产品的急剧萎缩,单一名称CDS因其结构简单、标准化程度高、市场竞争充分、报价估值更加透明等特点,市场份额逐渐提升,并重新成为市场的主流产品。

(三) 向以风险管理为主的基本功能回归

信用衍生品创新的初衷是帮助交易双方增加(或减少)对某一标的经济实体的信用风险暴露。由于信用衍生品能够帮助投资者剥离信用风险,实现信用风险的转移、分散和重组,其广受市场追捧并得以迅速发展。尽管信用衍生品在分散信用风险、提高市场运行效率等方面发挥了不可小觑的积极作用,但是伴随其发展,信用衍生品的其他功能也被逐渐开发,并为各类投资者所用。在金融危机爆发前,信用衍生品被广泛地用作投机和套利的工具,从而导致系统性风险的大量积累。在短期投机利益的驱动下,投资银行、对冲基金等机构也开始热衷于开发各种结构复杂的信用衍生品,这类产品往往杠杆率较高,市场基础薄弱,且以满足投机和套利等需求为主要目的。由于这类复杂的信用衍生品的设计原则与信用风险管理的基本原则相悖,其不仅造成信用衍生品日益脱离实体经济需求,更使市场系统性风险不断集聚,并最终引发金融危机。由此可见,即便CDS交易拥有交易机制不透明、交易对手集中等若干缺陷,但流动性泛滥是使CDS从风险管理工具向投机工具转变的关键。

金融危机的爆发有助于警示市场各参与方加速实现CDS的功能回归,即由投机功能向风险管理功能的回归。特别是投机成分较高的CDS指数产品市场规模下降幅度最为明显,各种复杂、高杠杆性的产品也逐渐淡出市场,信用违约互换等简单产品重新占据了主流地位。

(四) 投资主体仍以银行为主

金融危机爆发后,信用衍生品的投资主体也随之发生了变化。具体地,中央交易对手方的引入使中央交易对手方在买卖方向上持有信用衍生品的数量逐渐上升,买卖方向比例基本一致,目前在 10% 以上;保险、对冲基金等机构在买卖方向上的持有量逐渐下降,其中卖方下降比例更多,目前在买卖方向上的比例在 10% 以下;以银行为主的报告经销商依旧是信用衍生品市场最大的持有者,他们在买卖方向上变动基本一致,目前占比在 70% 左右;而除了报告经销商之外的银行在买卖方向上的占比有所下降。可见,银行成为参与信用衍生品市场交易的最大主体。

从投资者选择不同部门参考实体 CDS 的角度看,由于近年来受到欧债危机、美国财政悬崖、债务上限等因素影响,主权 CDS 的需求相对稳定,而金融部门、消费服务、货物部门以及其他行业 CDS 需求略有下降。在不同时期,不同部门参考实体 CDS 所面临的市场风险有所不同,这主要与经济发展、各行业发展预期以及各行业发行债券数量相关。例如,2013 年第一季度美国银行业持有信用衍生品的数量金额上升了 0.71 万亿美元,这主要是因为在这个时期,公司债发行较多,套期保值和对冲的需求较大;相应地,各类非主权 CDS 市场风险转移的活跃度随之出现上升。

图 1.2 为信用违约互换的交易对手分类统计。从图中可以看出,金融机构一直是信用违约互换交易的主体。中央交易对手方引入之后,其参与交易的合约数量金额从 2010 年起逐步增加。以对冲基金、特殊目的载体(SPV)为代表的具有对冲和套利性质的金融机构对信用衍生品的参与,在金融危机后呈现显著萎缩,随后在调整中相对上升并平稳发展。

(五)市场监管逐步加强

信用衍生产品在金融危机中充当了系统性风险传导的主要源头。金融危机前,绝大部分的场外金融衍生产品都被排除在欧美各国的金融监管体系之外,信用衍生产品市场基本处于监管真空状态。随着金融危机中问题的不断显现,欧

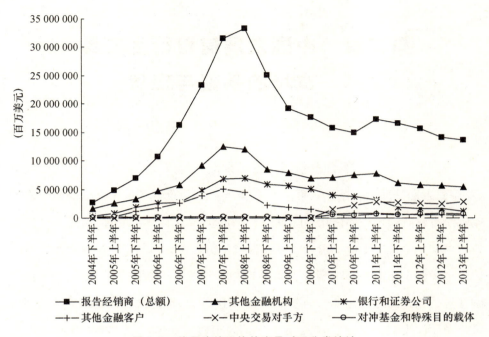

图 1.2　信用违约互换的交易对手分类统计

资料来源:国际清算银行(Bank of International Settlement,简称 BIS)。

美各国致力于重构金融监管体系,并开始重视加强包括信用衍生产品在内的监管设计,着手进行金融监管改革,加强信用衍生品市场的规范和市场自律管理,具体措施已在前文中有所概述。

总之,尽管信用衍生品因次贷危机而备受争议,但随着市场参与者对信用衍生品认识的提高,信用衍生品市场也在不断地发生着变化。目前来看,信用衍生品合约更为标准,交易、清算更为规范,监管更为严格,产品更为简单,投资者更为成熟,市场的功能也更加完善。在未来,信用衍生品依旧会保持平稳发展态势,依旧会在信用风险定价、对冲信用风险、推动信用产品创新、提高银行等金融机构流动性等方面发挥重要的作用。

第二章 中国发展信用衍生工具市场的基础与现状

与国际市场相比,我国的信用衍生工具市场起步较晚。20世纪90年代中期,摩根大通已推出了世界上第一个信用衍生工具,而我国投资者在很长一段时间都没有建立起相应的信用风险意识。2006年"福禧事件"的爆发,给我国的投资者敲响了警钟。上海福禧投资控股有限公司是我国第一家发行短期融资券的非上市民营企业。公司主要业务为高速公路收费(沪杭段、嘉金段),并参股金融保险。该公司连续几年毛利率维持在40%以上,现金流充裕。2006年3月,该公司面向投资者发行了10亿元1年期的短期融资券,名为"2006年福禧投资控股第一期短期融资券"。当时,该短期融资券的信用评级为A-1级。2006年7月,有关部门查出福禧投资曾违规拆借32亿元上海社保基金,用于购买沪杭高速上海段30年的收费经营权。此事发生后,福禧投资的主要财产遭遇法院冻结,10亿短期融资券的投资者直接面临着债券违约风险。此后,该债券在银行间债券市场的询价一度跌至60元/百元票面。2007年2月27日,福禧债持有人参与了由央行主持的沟通会,决定将福禧债的偿付资金放在一个司法监管账户上,通过中央国债登记结算公司完成兑付。2007年3月7日,福禧短期融资券(06福禧cp01)按期足额兑付。尽管福禧事件并未给投资者带来实际损失,但潜在的信用违约风险显而易见,它不仅给投资者敲响了信用风险的警钟,也给银行间市场带来了改革的契机。

在此之前,中国投资者在对投资品种进行选择时,主要考虑的风险是利率风险和流动性风险,信用风险因素并不在投资者的考量范畴之内。这主要是由于,以银行间债券市场中的产品为例,国债发行拥有国家信用担保,金融债发行拥有金融机构信用担保(类似国家信用),而企业债的发行同样会有银行担保。不同债券类别之间的利差,更多反映的是税收因素和流动性因素,并非信用利差。但是福禧事件之后,相同期限的短期融资券之间的利差能拉大到 150 个基点以上。数据显示,民营集体企业的信用利差从福禧事件前的 12.85 基点一跃上升到 55.32 基点。① 这种市场作用下,利差的上升恰恰体现出了投资者的信用风险意识,不同信用级别的债券需要反映出不同的信用利差。然而,相较于利率风险和流动性风险,信用风险的变动更加难以预测,如何进行科学的信用风险管理将成为未来债券市场的一个重大课题。

信用风险意识的增强以及信用风险的预测和度量,将会催生出相应的信用风险衍生产品。投资者可以利用以信用违约互换为代表的信用风险衍生工具来分离和转移信用风险,从而交易双方增加(或减少)对某一标的经济实体的信用风险暴露。信用风险的购买方如果能够有效管理和控制产品的信用风险,则可以发挥信息优势而获取超额收益;信用风险的卖出方则能通过信用衍生品交易转移信用风险,从而减少信用风险波动带来的损失。

随着发债主体的日益增多,以及发债主体之间信用差别的多样化,高信用风险的固定收益产品将会越来越多,而专门投资于这类"垃圾债券"的拥有高风险偏好的投资者也会应运而生。固定收益产品的信用利差往往能够跟随发债主体清偿能力的变化而大幅波动,这其中的利润空间无疑对风险偏好型的投资者极具吸引力。

以下,本章将就中国发展信用衍生工具市场的市场基础、制度安排、发展现状及存在的问题,以及信用衍生工具市场对我国各主要金融机构的作用和对完善中国金融市场体系建设的重大意义,逐一进行分析。

---

① 徐强:《短期融资券发行利差结构实证分析》,载《证券市场导报》,2007(3)。

一、中国发展信用衍生工具市场的市场基础

（一）具备较大规模的原生市场基础

我国债券市场和企业贷款市场发展迅速。根据中国证券业统计年鉴的数据,目前,具有信用风险的各类非金融企业贷款和债券占社会融资总量的90%以上,为发展信用衍生品市场提供了充足的基础原生资产,并足以在一定程度上保证信用衍生品市场的流动性和效率。特别是,作为我国金融体系主体的商业银行贷款总额占全社会金融资产的70%左右,且同质化经营愈发严重,这迫切需要通过利用包括信用衍生品在内的风险管理工具,对冲和管理庞大且流动性较差的信贷风险资产。

图2.1为2006—2013年我国债券市场债券的发行只数和债券发行额。从图中可以看到,我国债券的发行只数从2006年的504只增长到2012年的峰值1 413只,发行只数增长了180.36%。我国债券的发行总额,则呈现波动态势。其中,在2010年,债券发行额达到了顶峰,为90 112.32亿元。从债券的发行只数和债券发行额,不难看出我国债券市场正在稳步发展。伴随着债券市场的发展,相应的信用风险也在累积,对信用风险衍生工具的需求愈发迫切。

图2.2和图2.3分别为2006年和2013年我国债券市场发行债券的分类统计。从债券的分类统计中,可以看出我国债券市场发行主体随时间的变化。如图2.2所示,在2006年,我国债券市场最大的发行主体为中央银行,其发行的央行票据金额为36 522.7亿元,占据着市场的绝大多数份额。政策性银行债券排

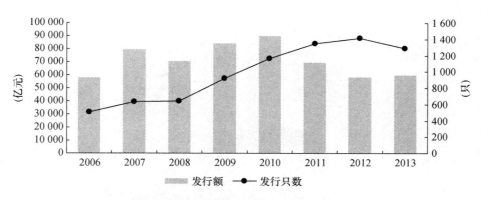

图 2.1　我国债券市场的债券发行只数和债券发行额

资料来源：万得（Wind）资讯金融数据库。

名第二，发行金额为 8 996 亿元。再次为国债，发行金额为 7 900 亿元。需要指出的是，央行票据、政策性银行债券和国债均属于信用程度较高的债券品种，信用违约的可能性很低，因而投资者缺乏购买信用衍生产品来对冲信用风险的动力，对信用衍生产品的市场需求并不明显。而在 2013 年，如图 2.3 所示，我国债券市场的最大发行主体变更为政策性银行，其发行的政策性银行债券为 20 468.95 亿元。紧随其后的为国债，发行金额为 19 044.01 亿元。再次为央行票据，发行金额为 5 362 亿元。尽管从表面来看，我国债券市场的三大发行主体并没有发生显著变化，然而企业债券所占比例却大幅度提高，从 2006 年的不到 1% 上升到 2013 年的约 8%。企业债券发行比例的增加，恰恰反映了我国债券市场信用风险的增加，这势必将促使市场对信用衍生品的需求增加。图 2.4 为 2006—2013 年各年我国债券市场发行的分类统计。其中，央行票据的发行比例逐年缩小，企业债券的发行比例逐年提高，政策性银行债券和商业银行债券的比例也在逐渐增加。可见，伴随我国债券市场的发展，市场中的信用风险正在悄然积聚。

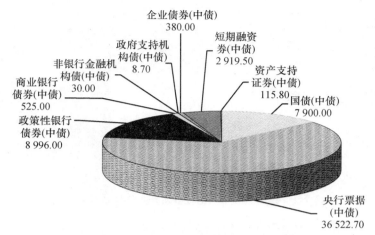

图2.2　2006年债券市场发行债券分类统计(亿元)

资料来源:万得(Wind)资讯金融数据库。

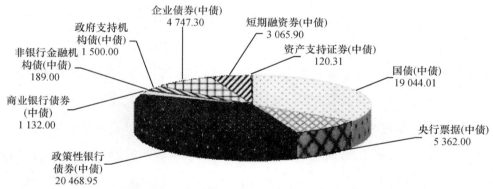

图2.3　2013年债券市场发行债券分类统计(亿元)

资料来源:万得(Wind)资讯金融数据库。

(二) 市场主体日益成熟,相关业务实践展开

近年来,我国各类投资者在金融市场的快速发展中日渐成熟,无论是大中型金融机构,还是日益多元化的非金融机构或富有投资经验的个人投资者,均已积

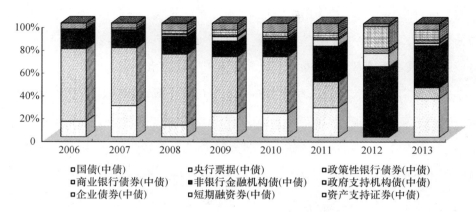

图 2.4 2006—2013 年各年我国债券市场发行分类统计

资料来源：万得（Wind）资讯金融数据库。

累了一定的有关金融衍生品交易的实践经验，具备了参与信用衍生产品交易的能力。特别是银行业，截至目前，我国四大国有股份制商业银行都已经成为了 ISDA 的成员，其他股份制商业银行（如光大银行、中信银行）也已经成为了 ISDA 的成员，通过在境外开展大量的场外衍生品交易，它们更是积累了相当多的金融衍生品交易经验。

与此相对应，我国金融衍生品市场在近几年来，随着我国金融市场化的逐步推进，也在迅速发展。我国金融市场上的相关业务实践，正在为发展信用衍生品市场进行初步探索。场外金融衍生品交易发展迅速，为信用衍生品的发展提供了产品基础。目前，我国的场外衍生品交易主要集中在银行系统内部，具体包括银行间的市场和银行柜台市场。其中，我国的金融衍生品市场在外汇衍生品和利率衍生品方面，都取得了一定的进步。

在外汇衍生品实践方面，为了配合我国汇率体制改革的推进以及我国经济发展的实际需要，外汇衍生品的发展基本遵循着主动性、可控性和渐进性的原则。我国推出的外汇衍生品包括：人民币外汇货币掉期交易和人民币外汇货币期权交易，即允许银行对客户推出人民币外汇掉期业务和人民币期权交易。人民币外汇掉期和期权交易的推出标志着我国银行间外汇市场已经初步形成了较为完整的基础类汇率衍生产品,其能够有效帮助拥有大量外汇风险敞口头寸的企业对冲、减少汇率风险,也能够有效满足货币币种的错配需求。

在利率衍生品实践方面,早在2004年,银行间市场就率先引入了具有一定做空性质的买断式回购。2005年5月,债券远期交易产品的推出标志着我国首个场外人民币利率衍生产品的诞生。债券远期交易产品的推出,能够有效满足已投资大量债券的机构投资者就债券利率风险进行调控的需求,从而帮助其有效地调整债券持有结构,进行交割安排,并且规避利率风险。随后,在2006年2月和2007年9月,中国人民银行也分别推出了银行间债券市场的人民币利率互换试点以及银行间债券市场的远期利率协议产品。利率衍生品的推出和产品体系的不断完善,能够有效地增强我国投资者尤其是机构投资者管理利率风险的水平,提高金融市场的效率,并且降低投资者的交易成本。

我国在外汇衍生品市场和利率衍生品市场上积累的经验,为我国信用衍生品市场的发展和信用衍生品的有效推出打下了良好的基础。

(三)基本建立起有效的市场监管体系

在探索场外金融衍生品市场发展的实践过程中,行政监管、自律管理和中介机构一线监测的协同效应正在不断增强。由于发展过程中,监管当局一直注重对市场分层、信息披露、数据报备和风险控制等方面的全面规范,使得我国场外金融衍生品市场具有较高的透明度,市场运行较为平稳。

目前,我国已经初步建立起了金融衍生品市场的监管体系。我国金融业的监管原则是金融分业经营、分业监管。在这个监管原则下,我国金融业实行的是多头监管体制,即一线多头的模式。具体来说,我国的金融监管集中在中央政府这一级,而政府监管部门则包括财政部和审计署等,并同时受包括中国人民银行、中国证券监督管理委员会、中国银行业监督管理委员会、中国保险监督管理委员会和国家外汇管理局等多个中央级别的金融监管机构及其在各个地方的派出机构在内的监管。这些中央级别的金融监管机构均隶属于国务院,以进行统一的领导和管理。

具体来讲,中国证监会负责监督和管理证券公司;中国银监会负责对商业银行、政策性银行、信托投资公司、资产管理公司、农村信用合作社等具有存贷款性质的金融机构进行监督和管理;而中国保监会则负责对包括政策性保险公司和商业性保险公司在内的保险公司进行监督和管理。

对于金融衍生品的监管,中国证监会主要负责境内期货合约的交易和监管,并按规定监管境内机构从事境外期货业务。如果一家企业想要在境外进行期货投资业务,需要首先获得国务院的批准,并获得中国证监会颁布的境外期货业务许可证,同时其风险管理办法中的套期保值方案也需要到中国证监会备案。2013年,国务院取消了商务部对境内单位或个人从事境外期货交易品种的行政审批,简化了境内企业进行境外套期保值的程序。此外,中国证监会还对企业可转换债券的发行、上市以及交易等进行监管。

中国银监会则对商业银行进行的金融衍生品交易进行监督。根据2006年12月中国银监会颁布的《中国银行业监督管理委员会关于修改〈金融机构衍生产品交易业务管理暂行办法〉的决定》,具有从事金融衍生产品交易资格的主体扩大到了所有满足条件的金融机构,并规定银行、信托公司、金融租赁公司、财务公司、汽车金融公司开办衍生产品交易业务,均须接受中国银监会的监督管理。

国家外汇管理局主要对我国的外汇市场进行管理,同时对从事人民币外汇货币掉期业务、银行间远期外汇市场等的参与主体实行法人备案管理。中国人民银行则负责制定与金融衍生产品相关的规章制度,从而确保我国金融衍生品市场的顺利运行。

由于我国金融衍生品市场是分业监管,各个金融监管机构之间会进行沟通和协调。早在2003年6月,中国银行业监督管理委员会、中国证券监督管理委员会和中国保险监督管理委员会就联合起草了《中国银行业监督管理委员会、中国证券监督管理委员会、中国保险监督管理委员会在金融监管方面分工合作的备忘录》,该备忘录于2004年6月28日正式公布。备忘录明确了各监管机构在金融监管方面的职责,为实现持续有效的监管,三家机构应当协调配合,以避免监管真空和重复监管,提高监管效率,鼓励金融创新,以保障整个金融行业的稳健运行和健康发展。备忘录的出现,也在一定程度上体现了我国金融监管机构之间的协调机制正在日趋完善。

(四) 初步搭建了制度框架

在推动场外金融衍生品市场的发展进程中,人民银行、银监会等监管部门以及交易商协会已经制定或正在着手制定一系列针对场外金融衍生品的管理规定、自律规则指引等标准协议文本,预示着我国场外金融衍生品市场的制度框架已经基本确立。

1995年以来,我国针对金融衍生品市场推出了一系列的监管制度。1995年,我国对期货市场进行了规范和整治,理顺和完善了期货监管体制,从而使监管体系更加明晰,监管的法律法规更加合适配套。此后,一系列与金融衍生品市场相关的监管法律法规得到了进一步的设立和推广。

2001年4月28日,中国证券监督管理委员会颁布了《上市公司发行可转换公司债券实施办法》,对上市公司发行可转换公司债券的行为进行了规范,保护了投资者的合法权益。2005年7月18日,上海证券交易所颁布了《上海证券交易所权证管理暂行办法》,该办法对权证的发行上市、交易行权、权证违规的惩罚措施等进行了规范,对于规范权证的业务运作、维护正常的市场秩序以及保护投资者的合法权益等具有重要的意义。2006年7月12日,中国外汇交易中心和全国银行间同业拆借中心联合发布了《关于发布人民币外汇远期及掉期交易主协议的通知》,该通知保障了正常的市场交易秩序,明确了交易双方在各项交易下的权利和义务,从而保证了交易双方在平等、自愿的基础上,签订人民币外汇远期及掉期交易主协议。

  2006年12月28日,中国银行业监督管理委员会颁布了《中国银行业监督管理委员会关于修改〈金融机构衍生产品交易业务管理暂行办法〉的决定》,该办法对金融机构从事衍生品交易进行了相关的规定,并认定中国银监会对其机构的衍生业务进行监管。2007年3月6日,中华人民共和国国务院令第489号《期货交易管理条例》的出台,规范了期货交易行为,加强了对期货交易的监督管理,维护了期货市场秩序,对防范风险、保护期货交易各方的合法权益和社会公共利益、促进期货市场积极稳妥发展等具有重要意义。2007年3月28日,中国证券监督管理委员会也颁布了《期货交易所管理办法》,该办法加强了对期货交易所的监督管理,明确了期货交易所的职责,也为维护期货市场秩序以及促进期货市场积极稳妥发展提供了文本基础。

  此外,中国金融期货交易所于2007年6月27日发布了《中国金融期货交易所交易规则》及其配套实施细则,为股指期货的顺利推出奠定了基石。2008年6月16日,中国外汇交易中心与全国银行间同业拆借中心也根据《中国人民银行关于开展人民币利率互换业务有关事宜的通知》以及《全国银行间债券市场债券交易规则》等相关规定,制定并发布了新版的《人民币利率互换交易操作规程》,该操作规程规范了交易成员通过全国银行间同业拆借中心本币交易系统进行的人民币利率互换交易行为,以有效防范操作风险。2009年3月11日,中国银行间市场交易商协会发布《中国银行间市场金融衍生产品交易主协议》,协议旨在促进金融衍生产品交易的顺利开展，明确交易双方的权利和义务，并且维护交易双方的合法权益。2013年3月15日，中国证券业协会颁布了《中国证券市场金融衍生品交易主协议及其补充协议（2013年版）》《证券公司金融衍生品柜台交易业务规范》和《证券公司金融衍生品柜台交易风险管理指引》。《中国证券市场金融衍生品交易主协议及其补充协议（2013年版）》明确了交易双方在进行金融衍生品柜台交易中的权利和义务，维护了交易双方的合法权益，让交易双方本着自愿协商、诚实信用的原则签署金融衍生品交易协议；《证券公司金融衍生品柜台交易业务规范》则规范了证券公司金融衍生品柜台交易行为，保护交易各方合法权益，防范市场风险；而《证券公司金融衍生品柜台交易风险管理指引》加强了证券公司金融衍生品柜台交易业务的风险管理，确保在风险可测、可控、可承受的前提下开展衍生品交易业务。

二、中国信用衍生工具市场的制度安排、现状及问题

目前，我国的信用衍生品主要包括信用风险缓释合约（Credit Risk Mitigation Agreement，简称CRMA）和信用风险缓释凭证（Credit Risk Mitigation Warrant，简称CRMW），这两类信用衍生工具都归属于信用风险缓释工具（Credit Risk Mitigation，简称CRM）这一范畴。以下将就信用风险缓释工具的制度安排、两种类别的信用风险缓释工具以及我国信用衍生品市场发展的现状和面临的问题逐一进行探讨。

（一）信用风险缓释工具的制度安排

我国的信用风险缓释工具主要包括信用风险缓释合约和信用风险缓释凭证这两种类别。

信用风险缓释合约(CRMA)约定在未来一定期限内,信用保护买方按照约定的标准和方式向信用保护卖方支付信用保护费用,由信用保护卖方就约定的标的债务向信用保护买方提供信用风险保护。信用风险缓释合约是传统的场外金融衍生工具,在交易结构和形式上与信用违约互换(CDS)类似,但比 CDS 更加简单。需要指出的是,以债券为标的的 CRMA 标准化程度和信息透明度比较高,但收益率相对较低,规模限制较少,交易需求较弱;而以贷款为标的的 CRMA 合约标准化程度和信息透明度比较低,由于商业银行受贷款规模限制较严,交易转让较难,相应地,收益率较高,交易需求较强。目前,我国 CRMA 的交易平台为中国银行间市场交易商协会,其监管则交由协会的金融衍生品专业委员会执行。

信用风险缓释凭证(CRMW)由标的实体以外的机构创设,为公开发行的标的债务提供信用风险保护,是可以交易流通的有价凭证,并在二级市场上进行流通转让。信用风险缓释凭证本质上是标准化的信用风险缓释合约,从而可以在不同投资者之间买卖转让。从市场运行框架上看,CRMW 与债券类似,有创设登记、发行销售、交易结算、注销等一系列流程,以规范 CRMW 的管理。我国的信用风险缓释凭证具有鲜明的特征,其标的的债务明确,结构简单,具有可流通性,对于投资者而言具有一定的吸引力。

信用风险缓释工具(CRM)与信用违约互换(CDS)有着相同之处,都是对信用风险进行剥离和转移,同时在这个过程中对信用风险进行了单独的定价,故又称为中国版的 CDS。但是,与国际上通行的 CDS 等信用衍生工具不同,由我国创新推出的信用风险缓释工具有着自己独特的制度安排。

首先,信用风险缓释工具的交易结构简单。国际上的信用风险工具,以信用违约互换为例,一般将参考实体的同一大类的债务都包括到了信用保护的范围,对信用保护的债务类型也没有进行限制,即所有的债权都可以寻求信用违约互换的保护。当然,这也使得信用违约互换在金融危机爆发的前夕,逐渐从初始的风险管理工具转变为投机套利的工具,催生出了包括担保债务凭证、信用违约互换指数、一篮子信用违约互换等在内的结构复杂、定价困难的信用衍生工具。在中国,信用风险缓释工具有着明确的信用标的,即指明信用保护针对特定的具体债务,而且标的债务的类型仅限于债券和贷款,从而使信用风险保护与特定的债务紧密挂钩。在交易结构上,信用风险缓释工具也比国际上的信用违约互换更加简单和明确,充分体现了标的债务的"穿透性"原则。以中债信用增进投资股份有限公司在2010年11月23日创设的"10中债增CRMW002(10联通CP02)"为例,其信用风险缓释工具的标的实体即为中国联合网络通信有限公司2010年度债项评级为A-1、发行量为80亿元、起息日为2010年9月20日、到期日为2011年9月20日、在银行间债券市场流通的第二期短期融资券。

其次,我国的信用风险缓释工具有着较高的市场透明度。金融危机前,国际市场上的信用违约互换缺乏统一的信息披露和报告制度,市场透明度很低。政府监管机构和市场自律协会等很难及时准确地获得信用违约互换市场上的相关交易情况,从而难以对信用违约互换市场进行很好的监管。在我国,信用风险缓释工具实行"集中登记、集中托管、集中清算"的登记结算制度。该登记结算制度还要求清算、结算机构在每个交易日结束后须向相关机构报送当天的运行情况。此外,清算和结算机构还会定期书面报送风险敞口、持仓情况等其他信用风险缓释工具的相关信息。严格的信息披露制度使我国的信用风险缓释工具具有更高的市场透明度,从而使监管机构能够更好地了解信用衍生品市场的运行状况,降低系统性风险。

再次,我国的信用风险缓释工具市场实施参与者分层管理。在国际信用违约互换市场中,并没有对参与者设定准入门槛,更没有对市场上的所有参与者依据参与者的风险承担能力和风险管理能力进行分层运行,造就了市场参与者更加易于参与风险程度与自身能力不匹配的信用衍生品。若对市场参与者缺乏分层管理,很容易将风险不适当地转移到不具备相应风险管理和承担能力的市场参与者中,从而埋下系统性风险的隐患。在我国,依据 CRM 市场参与者相应的资质和能力,划分为核心交易商、交易商和非交易商。核心交易商可与所有市场参与者开展交易,交易商可与所有交易商进行出于自身需求的交易,而非交易商只能与核心交易商进行以套期保值为目的的交易。①

最后,我国对信用风险缓释合约的杠杆率进行了严格控制。在国际信用违约互换市场,并未对市场参与者的杠杆率进行限制。在金融危机爆发前期,信用违约互换市场的规模不断膨胀,过高的杠杆率导致风险被成倍扩大,最终导致系统性风险积聚而演变为整个金融体系的崩盘。在我国,信用风险缓释合约的杠杆率被严格控制,同时建立起了相关的风险控制指标。例如,交易商对单一标的债务的信用风险缓释工具的净买入余额、净卖出余额、净卖出总额与交易商注册资本的比例以及市场总规模等相关指标都进行控制,从而对信用风险缓释工具运用可能引发的系统性风险进行了有效的防范。

---

① 比如,核心交易商要求具有银行间债券市场或外汇市场做市商资格,注册资本或净资本不少于 40 亿元人民币,从事金融衍生产品交易两年以上(含两年),且有独立的金融衍生产品交易部门;而要成为 CRMW 的创设机构,注册资本或净资本不得少于 40 亿元人民币,且有从事 CRMW 的专业人员并配备必要的业务系统和信息系统,同时能够满足中国银行间市场交易商协会规定的风险管理要求。

中国信用衍生工具研究

（二）中国信用衍生工具市场的发展现状

自 2010 年 11 月 5 日中国首批信用风险缓释合约（CRMA）正式上线以来，根据中国银行间市场交易商协会发布的首批 CRMA 交易信息披露可以看出（见表 2.1），9 家不同类型的交易商达成了首批 40 笔 CRMA 交易，名义本金合计达 36.8 亿元。参与首批交易的机构既包括中资的商业银行和信用增进机构，也包括外资银行。如前文所述，我国信用风险缓释合约的结构简单，每笔合约都指定了单笔特定的标的债务，其类型包括短期融资券、中期票据和贷款。具体来说，首批信用风险缓释合约中针对短期融资券的有 6 笔，中期票据的有 18 笔，贷款的有 16 笔。合约中涉及的"信用事件后的结算方式"既包括实物结算，也包括现金结算。

表 2.1 我国首批信用风险缓释合约（CRMA）统计

交易商	对手数量	合约笔数	名义本金（亿元人民币）	标的债务
中债信用增进股份有限公司	3	10	10	3 笔中期票据和 7 笔银行贷款
工商银行	1	7	5	7 笔银行贷款
交通银行	3	5	3.6	2 笔中期票据和 3 笔短期融资券
兴业银行	4	4	4.5	3 笔中期票据和 1 笔银行贷款
民生银行	2	4	4	2 笔中期票据和 2 笔短期融资券
光大银行	2	4	6	4 笔中期票据

（续表）

交易商	对手数量	合约笔数	名义本金（亿元人民币）	标的债务
建设银行	2	3	0.9	2笔中期票据和1笔短期融资券
国家开发银行	2	2	1.8	1笔中期票据和1笔银行贷款
德意志银行	1	1	1	1笔中期票据

资料来源：中国银行间市场交易商协会。

2010年11月23日，中国首批4只信用风险缓释凭证（CRMW）正式上线。截至2013年12月，共发行了9只信用风险缓释凭证，发行名义本金金额共计7.4亿元。表2.2为我国信用风险缓释凭证的发行统计。从表2.2中可以看到，我国信用风险缓释凭证的发行主要集中在2010年下半年和2011年上半年。此后，并没有发行新的信用风险缓释凭证。信用风险缓释凭证的创设机构同信用风险缓释合约一样，呈现出多元化态势，既包括中资的商业银行和信用增级机构，也包括外资商业银行。标的债务均为债券，且债券的评级都是A级以上，体现出标的债务本身的信用风险较低。凭证的存续期间也从最短的242天到最长的1 032天不等。与合约一致，凭证的结算方式也采用了实物资产与现金相结合的方式，发行金额从1 000万元到20 000万元不等。此外，信用风险缓释凭证的发行对象均是经中国银行间市场交易商协会备案的信用风险缓释工具核心交易商或信用风险缓释工具交易商。

信用风险缓释合约与信用风险缓释凭证均隶属于信用风险缓释工具范畴，凭证是合约的标准化。以下，将就信用风险缓释合约与信用风险缓释凭证在标的债务、发行方式、交易流通以及结算清算等方面的差异，做一概括总结，具体参见表2.3。

表 2.2 我国信用风险缓释凭证（CRMW）发行统计

证券简称	创设机构	标的主体	债券评级	凭证期限（天）	结算方式	计划发行金额（万元）	凭证起始日
10 民生银行 CRMW001	中国民生银行	云铜集团	A-1	331	实物资产	20 000.00	2010-11-23
10 中债增 CRMW002	中债增信	中国网通	A-1	301	实物资产	10 000.00	2010-11-24
10 中债增 CRMW001	中债增信	中国网通	AAA	1032	实物资产	13 000.00	2010-11-24
10 交行 CRMW001	交通银行	TCL集团	A-1	268	实物资产	5 000.00	2010-11-24
10 汇丰中国 CRMW001	汇丰银行（中国）	中国石油	AAA	365	现金	1 000.00	2010-12-27
10 浦发银行 CRMW001	上海浦东发展银行	郑煤集团	A-1	335	实物资产或现金	5 000.00	2010-12-30
10 兴业银行 CRMW001	兴业银行	攀钢集团	A-1	286	实物资产或现金	5 000.00	2010-12-31
10 中债增 CRMW003	中债增信	清华控股	AA+	605	实物资产或现金	10 000.00	2010-12-31
11 中债增 CRMW001	中债增信	赣粤高速	A-1	242	实物资产或现金	5 000.00	2011-3-23

资料来源：万得（Wind）资讯金融数据库。

表 2.3　信用风险缓释合约和信用风险缓释凭证的特征比较

工具	信用风险缓释合约（CRMA）	信用风险缓释凭证（CRMW）
标的债务	债券为主、贷款为辅	全部为信用债券
发行方式	双边达成、一对一	创设登记、公开披露、一对多
交易流通	不可交易流通	可交易流通
结算清算	双边结算	通过上海清算所中央清算

目前,我国就信用风险缓释工具的参与者进行分层管理,即按照核心交易商、交易商、非交易商的方式进行市场分层管理。根据中国银行间市场交易商协会的数据,我国信用风险缓释工具的核心交易商共有 26 家,交易商共有 46 家,信用风险缓释凭证创设机构共有 30 家。由于核心交易商可以与所有的市场参与者展开交易,因此对核心交易商的资质要求更为严格,从而能够有效地防范系统性风险。

表 2.4 列出了我国当前的信用风险缓释工具核心交易商名单。从核心交易商名单中可以看到,在我国,信用风险缓释工具的核心交易商呈现出多元化格局,包括中资商业银行、中国的政策性银行、外资银行、中资券商等,多元化核心交易商的出现避免了系统性风险在某一个行业内的累积。国内其他类型的金融机构,例如保险公司和基金公司还没有开展信用风险缓释工具的资质备案工作。即便完成了资质备案的机构,实际开展交易的数量也很少。

表 2.4　信用风险缓释工具核心交易商名单

序号	核心交易商机构名称
1	国家开发银行股份有限公司
2	中国工商银行股份有限公司
3	中国银行股份有限公司
4	中国建设银行股份有限公司
5	交通银行股份有限公司
6	中国光大银行股份有限公司

（续表）

序号	核心交易商机构名称
7	中国民生银行股份有限公司
8	兴业银行股份有限公司
9	上海浦东发展银行股份有限公司
10	汇丰银行(中国)有限公司
11	德意志银行(中国)有限公司
12	法国巴黎银行(中国)有限公司
13	中国国际金融有限公司
14	中信证券股份有限公司
15	中国农业银行股份有限公司
16	招商银行股份有限公司
17	华夏银行股份有限公司
18	广发银行股份有限公司
19	摩根大通银行(中国)有限公司
20	渣打银行(中国)有限公司
21	三菱东京日联银行(中国)有限公司
22	上海银行股份有限公司
23	中信银行股份有限公司
24	苏格兰皇家银行(中国)有限公司
25	北京银行股份有限公司
26	深圳发展银行股份有限公司(现变更为"平安银行股份有限公司")

资料来源：中国银行间市场交易商协会。

在信息披露方面，我国尚未出现专门针对金融衍生品的会计处理方法，只是规定将金融衍生工具的信息披露纳入范围更广的金融工具信息披露监管中，并没有详细的针对信用衍生品信息披露方面的处理规定。目前，我国信用风险缓释工具的信息披露及报备主要依据的是2010年10月29日中国银行间市场交易商协会发布的《银行间市场信用风险缓释工具试点业务指引》及相关配套文件。例如，对于信用风险缓释凭证，其创设机构需要进行如下的信息披露：

(1)每年4月30日以前,披露上一年度的评级报告、年度报告、财务报表和审计报告;(2)每年8月31日以前,披露本年度上半年的财务报表;(3)每年4月30日和10月31日以前,披露本年度第一季度和第三季度的财务报表。此外,核心交易商应于每季度结束后的10个工作日之内向交易商协会提交该季度信用产品市场分析及本机构信用风险缓释工具交易、持仓情况的书面报告。

(三)中国信用衍生工具市场存在的问题

1. 市场参与者结构单一

目前我国信用衍生品市场参与者结构过于单一,绝大部分交易由商业银行完成,不能满足商业银行减低风险资本金占用的需求。投资者类型的同质化在很大程度上限制了市场功能的充分发挥,这也是造成凭证发行价格偏低、买卖双方积极性不高的重要原因。在目前已经获得信用风险缓释工具交易商、核心交易商资质以及信用风险缓释凭证的创设机构中,商业银行占到50%左右的比例。商业银行的高比例与我国监管部门还未明确放开保险公司、基金公司等其他金融机构进入信用衍生品市场交易有关,从而使参与信用风险缓释工具市场的交易商数量有限,类型也不够丰富,需求的同质化严重,严重阻碍了市场流动性的提高,同时也不利于参与机构有效转移分担信用风险。

2. 市场不够活跃

目前信用风险缓释工具市场交易清淡,除了交易者结构不尽合理外,现货市场的不活跃也直接导致这一情况的出现。特别是,历史数据显示我国的发债主体都未曾真正面临违约风险,从而造成单边市场,即买方没有购买信用衍生品的冲动。只有购买低评级信用债或者发放中小企业贷款,才有必要对冲风险。由于国内债券市场没有违约事件,买方对信用风险重视程度不够;加之国内信用风险缓释工具对违约的定义相对狭窄,造成我国信用风险缓释工具风险溢价显著偏低。

3. 运行机制不完善

在评级和流动性等市场运行机制方面,我国信用衍生品市场存在明显缺陷。一是我国的信用评级机构起步较晚,数据、技术和人才储备较弱,难以向市场提供客观公允的信用风险信息,客观上加剧了信用风险缓释工具定价困难问题,继而影响投资者对该市场的参与度。此外,当前的信用评级主要针对非金融企业主体及其具体债项,对金融机构主体信用和 CRMW 产品的信用评价关注不够。二是信用风险缓释工具市场流动性不足,尽管已有十余家交易商进行报价,但交易活跃程度较低,二级市场尚未有效运作。

4. 监管、法律制度还不健全

在探索场外金融衍生品市场发展的实践过程中,相关部门为信用衍生品的创新与发展搭建了初步的制度框架。如中国银行业监督管理委员会于 2008 年 10 月颁布了《商业银行信用风险缓释监管资本计量指引》,中国银行间市场交易商协会于 2009 年 3 月制定发布了《NAFMII 主协议》以及配套的交易确认书参考文本和信用衍生产品定义文件。然而,在上述制度和文件发布时,国内尚未真正开始信用衍生品交易,因而无法根据信用风险缓释工具的特点进行量身定制。

《NAFMII 主协议(2009 年版)》,以单一协议、终止净额、瑕疵资产制度为支柱,是我国场外衍生品交易的支柱制度。而现有的法律法规,如《破产法》《金融机构破产条例》对终止净额、破产等方面没有专门的规定或解释,一定程度上影响了信用衍生品市场的发展。

三、信用衍生工具市场对中国各主要金融机构的作用

信用风险缓释工具市场参与主体的多元化,对我国信用风险缓释工具市场的发展具有重要作用。通过合理地运用信用风险缓释工具,金融机构可以实现积极主动的信用风险管理。以下将从商业银行、证券公司、保险公司和基金公司的角度,就信用衍生工具市场发展对我国各主要金融机构的积极作用进行简要阐述。

(一)对商业银行的作用

在我国信用风险缓释工具市场中,商业银行仍旧占据着主体地位,其在信用风险缓释工具交易商、核心交易商和信用风险缓释凭证的创办机构中占据着50%的比重。随着我国金融市场改革与创新的不断深入推进,金融非中介化、存贷款利率差变小乃至外资商业银行的引入,商业银行仅靠存贷款利差生存的经营模式难以为继,竞争形势愈发严峻。在新的竞争环境下,原有的业务发展模式和信用风险管理模式更是难以满足现行发展要求。信用衍生品市场的出现,为商业银行信用风险管理模式的提升、拓展盈利空间和推进经营转型等均具有重要意义。

1. 促进商业银行信用风险管理能力的提升

长期以来,我国商业银行对信用风险的管理主要依靠对贷款或债券进行信用等级的分类、授信等静态的信用风险管理手段,而很少采取主动、动态的信用

风险管理手段。商业银行对信用风险的管理也更加侧重于对信用风险的预防而不是对信用风险的时时监管。商业银行在提供给企业贷款后或者达成某项交易后,一旦发现贷款客户或交易对手有可能出现信用违约事件,采取的措施往往仅是增加保证,要求贷款客户提前还款等。

随着经营环境的改变以及竞争的加剧,我国商业银行迫切需要从被动、静态、事后的信用风险管理手段向主动、动态、事中的信用风险管理手段转变。通过发展信用衍生品市场,丰富信用风险管理工具与产品,有助于提升商业银行信用风险的管理水平。此外,最新的巴塞尔协议对商业银行的资本充足率又提出了新的要求。通过信用衍生产品转移信用风险资产,合理释放风险资本占用,商业银行可以有效解决盈利目标与监管目标之间的矛盾,即通过大规模信贷资产增长以实现盈利与国内外对资本充足率监管要求日益严格之间的矛盾。

2. 有助于商业银行扩展中间业务收入以提升国际竞争力

随着我国加入世界贸易组织以及经济全球化的推进,我国金融市场对外开放的程度也在不断加快。在此大背景下,我国商业银行需要适应国际化的竞争环境,进一步丰富自己的产品类型,提高中间业务的比重,在各个领域都参与到国际竞争中,以提高自己的核心竞争能力。长久以来,我国商业银行的利率业务、汇率业务以及商品类业务发展迅速,但是信用类产品的发展相对比较滞后。作为一块不可或缺的中间业务领域,信用衍生产品体系的建立健全是我国商业银行迫切需要解决的问题。

(二)对证券公司的作用

信用衍生品市场对证券公司的发展同样具有积极的作用,主要体现在帮助证券公司进行信用风险管理。此外,证券公司还可以参与投资信用衍生品市场,并且通过成为做市商而获得报价的利差等。

1. 有利于帮助证券公司进行风险管理

目前,我国证券公司主要对信用债券进行了投资。鉴于信用风险缓释工具的标的债务不仅包括贷款而且还包括信用债券,证券公司可以通过合理应用信用衍生品以管理信用债券的信用风险。若没有信用衍生产品市场,当证券公司期望降低信用风险时,一般的做法只能是被迫抛售债券;加之一些债券的流动性并不高,证券公司不仅很难在短时间内对其进行抛售,即便抛售,也会蒙受不小的损失。信用衍生品市场的出现,为证券公司的信用风险管理提供了新的途径。通过购买交易成本相对较低的信用风险管理工具,证券公司可以获得相应的信用风险保护,并对冲现有的信用风险,而不需要进行被动抛售,很大程度上降低了交易成本。

2. 有利于扩宽证券公司的投资范围

与其他产品相比,信用衍生品具有流动性强、不占用资本金且不受债券市场基础利率波动影响等特点。对于诸如证券公司等资本相对比较薄弱的金融机构而言,进行信用衍生品的投资能够很好地扩宽投资渠道。值得注意的是,金融危机的经验表明,对信用衍生品的投资需要严格控制杠杆,并且进行有效的风险管理;在保证获得良好收益的同时,控制系统性风险的累积。我国的证券公司需要遵循以上原则,通过参与信用风险缓释工具的自营交易,卖出信用风险保护,增加其信用风险投资,以达到有效抑制受资金面以及基础利率波动影响所产生的市场风险的目的。

3. 有利于帮助证券公司成为做市商以获得价差利润

在我国信用衍生品市场中,证券公司一般作为信用风险缓释工具的交易商、核心交易商以及信用风险缓释凭证的创设机构。在债券市场中,证券公司一直扮演着做市商的角色,尤其针对某些流动性较低的债券,证券公司起到了很好的撮合作用。在信用衍生品市场中,证券公司也可以充当做市商的角色,通过获取买卖双边报价利差来获得收益。

(三) 对保险公司的作用

目前,我国监管机构尚未将保险公司纳入信用风险缓释工具的交易商和信用风险缓释凭证的创设机构中去。然而,信用衍生品市场对我国保险公司的发展,同样具有积极的作用。信用衍生品市场能够帮助保险公司提高信用风险管理的能力,同时为保险公司提供参与间接融资领域的途径。

1. 帮助保险公司进行风险管理

保险公司收到保费后,会将保费进行投资。根据中国保险监督管理委员会2012年10月22日颁布的《关于保险资金投资有关金融产品的通知》,保险公司的保险资金可投资的固定收益类产品除了政府债券外,还包括金融债券、有担保或者无担保的企业债券、短期融资券以及协议存款等多个固定收益类产品。如何对这些固定收益类产品进行科学优质的信用风险管理,成为保险公司需要考虑的一个问题。目前,保险公司进行信用风险管理的手段主要包括:内部信用评级、授信管理、信用跟踪以及风险预警等较为传统的信用管理方式,主要进行信用风险的事前和事中管理。与商业银行的信用风险管理手段类似,保险公司的信用风险管理以预防性的静态风险管理居多,而主动型的动态管理措施偏少。

信用衍生品市场的出现,为保险公司提供了新的信用风险管理手段。通过购买信用风险缓释工具,保险公司能够对冲其信用风险。与以往传统的信用风险管理方式相比,这种主动型动态管理的优势主要在于,可以有效避免保险公司将信用风险资产出售而引致的额外损失。

2. 为保险公司提供参与间接融资领域的途径

目前,我国的间接融资领域一直是以商业银行居于主导地位,商业银行是我国金融市场间接融资的主体。相比之下,保险公司等其他金融机构都不能有效介入间接融资领域,分享其中的收益。在现行监管体制下,即便保险公司可以参与到协议投资和短期融资券领域,但这些产品与贷款之间还是存在着一定的差距。

信用衍生品的出现,使保险公司参与以企业贷款为代表的间接融资领域成为了可能。具体而言,保险公司通过购买以银行贷款为标的的信用风险缓释工具,在承担一部分信用风险的同时,也能够分享一部分间接融资市场的高收益。当然,保险公司在对信用衍生品进行投资时,需要进行严格的风险控制,才能够达到提高保险公司投资收益的目的。

(四) 对基金公司的作用

信用衍生品市场的发展对基金公司同样具有积极的作用。这主要体现在,信用衍生品市场能够有效提高基金公司的信用风险管理能力以及信用风险评估能力。

1. 有助于基金公司提高信用风险管理能力

目前,我国基金市场发展迅速,特别是以投资固定收益类产品为主的债券型基金发展迅速。根据图 2.5,2002—2013 年我国债券型基金的发展状况,可以看出:自 2002 年 8 月 18 日我国第一只债券型基金南方宝元债券型基金进行发售开始,债券型基金即呈现飞速发展态势。基金数量从 2002 年的仅 1 只增加到 2013 年的 381 只;基金的日资产净值也从 2002 年的 37.24 亿元飙升至 2013 年的 2 840.37 亿元。伴随着债券型基金公司所管理资产规模的不断扩大,相应的信用风险也在不断膨胀,如何提升自身的信用风险管理水平,是基金公司正在面临且迫切需要解决的一个问题。

信用衍生品市场的出现,恰恰为基金公司尤其是债券型基金公司的信用风

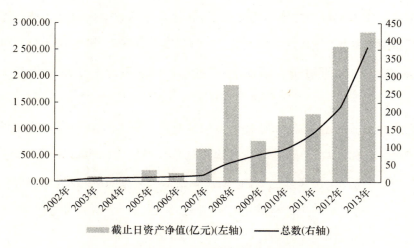

图 2.5 2002—2013 年我国债券型基金的发展状况

资料来源:万得(Wind)资讯金融数据库。

险管理提供了新途径。通过参与信用衍生品市场,基金公司能够有效地转移和分散自身面临的信用风险。特别是,当基金公司投资的某些固定收益类产品的流动性较低时,其可通过购买信用衍生品以对冲这些固定收益类产品的信用风险,有效避免被迫抛售风险资产而带来的损失。当前,我国基金公司的市场风险结构正在由原先单一的市场风险向市场风险与信用风险相结合的风险体系转换,福禄事件的发生即为例证。在这种结构下,适当科学地应用基于信用风险缓释工具的交易策略,能够有效提升基金公司的投资业绩。

2. 有助于提高基金公司的信用风险评估能力

国际上的信用衍生品市场已经发展多年,市场参与者具有多元化特征。在国际信用衍生品市场中,基金公司一般是排在商业银行和保险公司之后的第三大信用衍生品参与者。通过积极广泛地参与信用衍生品交易,并基于自身的风险承担能力和实际需要,基金公司可针对不同类型的信用衍生品进行不同的头寸调整。在交易中,国际上的基金公司不仅积累了大量的信用衍生品投资经验,而且获得了可观的投资收益。

截至目前,我国监管机构尚未完全放开基金公司成为信用风险缓释工具的交易商、核心交易商以及信用风险缓释凭证的创设机构。若监管机构在未来放开基金公司参与信用衍生品投资的相关限制,相信我国基金公司能够通过交易实践积累丰富的实战经验,从而帮助其自身提升信用风险评估能力。

四、信用衍生工具市场对完善中国金融市场体系的重大意义

从微观层面上看,信用衍生品市场为金融机构实现动态信用风险管理、满足资本充足率、实施逆周期管理和平衡集中度等提供了有效手段,同时也为宏观审慎监管的实施提供了微观层面的支持。以下,将就信用衍生工具市场的发展对完善中国金融市场体系的重大意义做一简要分析。

(一)提高贷款、债券等信用风险的动态管理能力

就当前通行的信贷业务风险管理工具而言,银行可以使用贷前调查、项目评估、内部评级、统一授信、限额管理、贷后跟踪、偏离度审计等多种手段。但是与《巴塞尔协议 III》要求相比,上述工具多为静态管理工具,普遍存在动态管理不足的欠缺,有关风险指标难以及时反映宏观经济、金融市场和借款人资信变化的最新情况,也难以落实《巴塞尔协议 III》的最新监控要求。

自 2005 年以来,信用债券市场获得飞速发展,主要包括:企业债、短期融资券、中期票据、集合债券、可转债、可分离债和公司债等。信用债券市场融资总额

占社会融资总额的比例,已从 2004 年的 1.8% 增长到 2010 年的 8.4%。若加入金融机构(含政策性金融机构)发行的债券,信用债券余额已从 2004 年的 15 561 亿元增长到 2010 年的 94 420 亿元。然而,与贷款类似,目前信用债券风险管理的主要手段也是以内部评级、统一授信和投后管理为主,缺乏实时动态的管理工具。

引入信用风险缓释工具(CRM)后,其一级市场发行和二级市场交易提供的价格信号,有助于弥补上述贷款、债券信用风险管理过程中存在的不足。同时,针对交易对手信用风险,无论是违约风险还是信用估值调整(Credit Valuation Adjustment,简称 CVA),无论是内部模型法还是标准法,均需要借助 CRM 提供的市场数据支持。鉴于 CRM 推出时间尚短,加上流动性方面的障碍,其作用还有待发挥。然而,随着各方面配套条件的健全和市场活跃度的增强,CRM 有望成为金融机构动态管理信用风险的有益工具。

(二) 丰富资本管理工具,满足资本充足比率要求

引入信用风险缓释工具后,各银行可以参照《巴塞尔协议 III》的套期保值要求,通过购买 CRM 降低原有的资本占用。出于《巴塞尔协议 III》对设定交易对手风险权重的要求,非金融机构的权重设定要低于金融机构的权重设定,这一措施有助于避免金融机构间形成损失连带,从而增强风险对冲的有效性。

(三) 支持逆周期管理

留存收益是核心资本的重要组成部分。在经济上行期,随着资产规模的扩大和盈利水平的提升,银行可事先买入信用风险保护(CRM);一旦经济进入下行通道,借款人、债务人或交易对手的信用风险必然增加,无论是出现信用违约

事件,还是信用利差加大,作为买方的银行均能获益。

而就 CRM 卖方而言,在经济下行期必然会面临损失增加的可能。这时,CRM 定价是否合理,收益可否充分覆盖风险,直接决定了卖方的损益状况。再有,卖方也可在经济上行期卖出信用风险保护的收费,形成留存收益,以弥补在经济下行期可能出现的损失;或是减少经济上行期的分红和股票回购,降低薪酬当期支付的比例,通过强化资本缓冲以应对经济下行期的不利因素。

综上,无论是买方还是卖方,CRM 对抑制信贷过度扩张以及通过调整留存收益实现逆周期管理目标,具有重要意义。

(四)灵活平衡集中度

集中度目前已成为银行监管的重要指标之一,但银行在一定程度上却缺乏灵活有效的调整手段。对银行而言,集中度标准一经确定,必须达标;而银行与客户之间达成的各类融资承诺,却很难撤销或违约。

引入 CRM 后,特定客户的信用风险敞口可以在金融机构间转让或流通。集中度考核常常与特定客户的信用风险增加有关。对于 CRM 卖方,尽管集中度控制上尚有富余,但为规避信用风险的上升,依然可以通过提高报价加以弥补,从而达到逆周期管理的要求。可见,CRM 有助于金融机构灵活有效、动态及时地满足监管部门不时提出的集中度监控要求。

从宏观层面上看,信用衍生品市场有助于显著提高直接融资比重、稳步推进利率市场化等"十二五"重大金融改革。到 2012 年年末,各类信用债存量只相当于同期人民币贷款的不到 10%,直接融资特别是债务直接融资比重仍然很低。预计随着"十二五"时期我国加快转变发展方式和调整经济结构,更多科技创新和企业并购活动将会蓬勃开展,债券融资的信用风险问题会变得日益显著,对相关信用衍生品市场的需求也会日益迫切。就利率市场化而言,信用衍生品市场无疑有助于对信用风险更为准确地定价,这对提升金融机构的定价能力、丰富定价工具将发挥应有作用。特别是,伴随"十二五"时期金融创新的发展,更多的存贷款替代产品将不断涌现,如何对这些含有一定信用风险的结构性金融产品定价,信用衍生品市场无疑将会发挥重要作用。

第三章 中国信用风险缓释
工具定价理论模型

信用风险缓释工具(CRM)是中国版的信用违约互换(CDS)。根据2010年10月29日中国银行间市场交易商协会发布的《银行间市场信用风险缓释工具试点业务指引》(下称《指引》),中国金融市场正式引入CRM交易。目前,在中国市场上交易的CRM产品仅有一类,即标的为单一企业债券的CDS。

如前文所述,我国CRM产品有两种合约形式:信用风险缓释合约(CRMA)和信用风险缓释凭证(CRMW)。前者为非标准化的合约,买卖双方根据各自需要,协商确定合约细节;后者是标准化的合约,可以在市场中流通、交易。CRMW一般由第三方机构创设,为投资者提供相对多的流动性,并在一定程度上降低了交易对手风险。

为抑制投机交易和降低市场风险,我国监管部门为CRM市场设计了一个独特的多层次市场结构:市场参与者被划分为核心交易商、交易商和非交易商三种。核心交易商能与所有市场参与者进行交易;交易商只能与核心交易商或其他的交易商进行交易;而非交易商则只能与核心交易商进行以套期保值为目的的交易。目前,CRM市场的主要做市商是中债信用增进投资股份有限公司(CBIC),其在公司网站上定期对其创设的CRMW进行公开报价。此外,也有一些商业银行创设CRMW并向客户报价。尽管部分市场交易信息并未公开,如产品的成交额和交易日内的价格变化,但可以观察到:在经历了市场建立初期的短暂交易高峰后,CRM市场总体呈现出流动性欠佳和成交额持续低迷的特征。

在流动性不足的现状下,构造一个市场通用的、在理论和实践上可操作的

中国信用衍生工具研究

CRM 定价模型尤为重要。尽管 CBIC 对缓释凭证公开报价,但其现有定价模型未能充分考虑中国银行间债券市场本身所具有的一些特质。因此,提出一个成熟的、适用于中国债券市场的 CRM 定价模型,是提升 CRM 市场流动性的关键。该模型不仅要在理论上合理、自洽,还须在实践上具有可操作性,便于投资者使用。

本章第一部分就关于信用违约互换定价模型的文献进行了梳理,第二部分则对现有模型进行了改进,并提出了适用于中国的信用风险缓释工具定价模型。

一、文献综述

一般来说,信用违约互换的定价有两种方法:静态复制法和模型定价法。静态复制法假设金融市场完全无套利机会,并试图通过使用一揽子金融工具完全复制信用违约互换的现金流,从而达到定价的目的。但由于信用违约互换的现金流发生的时点和额度取决于信用违约事件,具有不确定性,以及复制现金流所需的一揽子金融工具的不可得性,实际操作中很少使用静态复制法。鉴于此,在为信用违约互换定价时,常用的方法是模型定价法。

在一个典型的基于单一标的信用违约互换合约的框架下,为获得当标的债务发生违约时来自卖方的补偿,合约买方须向卖方定期支付保费;一旦发生标的债务违约事件,合约买方向卖方交付标的债券,同时卖方向买方支付债券的面值金额。在信用违约互换的定价过程中,核心问题在于如何在模型中描述互换合约的现金流,而这些现金流与违约事件的发生与否密切相关。信用违约事件是否发生的不确定性,被称为"信用违约风险"。如果能在模型中合理地描述信用违约风险,即能在风险中性测度下计算出信用违约互换的公允价格。

以往文献主要通过两类模型来描述信用违约风险:结构化模型和简化形式模型。

1. 结构化模型

信用违约风险的结构化模型最早由 Black 和 Scholes(1973)以及 Merton(1976)提出,此类模型的基本逻辑与 Black 和 Scholes 等人建立的期权定价理论框架一致。结构化模型的核心驱动要素是标的公司的总资产价值。即当总资产价值低于模型设定的一个特定值时,信用违约发生。由于结构化模型关注企业的财务和实际运营状况,它们有时也被称为"企业价值模型"。

在模型中,假设企业的总资产价值服从如表达式(3.1)所示的随机过程:

$$dA_t = A_t((r_f - \mu)dt + \sigma_A dW_t^*), \quad A_0 > 0 \quad (3.1)$$

其中 A_t 代表企业在 t 时刻的总资产价值,μ 是企业的分红派息比率,r_f 是无风险资产收益率,而 W_t^* 表示风险中性测度下的标准布朗运动。Merton(1976)进一步假设企业负担的债务可被简化地看成一个在 T 时刻到期的零息债券,企业只在债务到期且其资产价值低于债务面值时发生违约。基于模型设定,可采用标准的欧式期权定价模型为企业的债务进行估值,即债权等价于这样的一个资产组合:债权人持有企业的全部资产,同时向股权持有者卖出一个看涨期权;该期权的标的是企业的资产,行权价格为债务的面值。于是,企业债务的公允价值即为资产价值与看涨期权价值的差额。

在 Black-Scholes-Merton 模型的基础上,Geske(1977)提出了一个改进的结构化模型。他假设企业能发行一系列到期日不同的债务。由于稍后到期的债务不发生违约的前提条件是早前到期的债务没有违约,因此这一系列债务的违约风险是相互关联的。债务的定价过程仍然基于期权定价模型,但复合期权定价技巧更为适用。

Black 和 Cox(1976)的研究放宽了结构化模型中一个不切实际的约束：债务只在到期日才会发生违约。他们认为，应当将企业的股权看作一个向下敲出的看涨障碍期权。企业的资产价值存在一个不可触及的底线，若触及则会导致企业进入破产清算，其现有资产将被用于偿付债权人。在 Black 和 Cox 的模型中，期权的敲出障碍既可以是确定的，也可以服从一个随机过程。在任意情况下，该障碍相对于模型是外生的，由企业的基本面信息决定。大多数情况下，该障碍被设定为低于债务总名义额的水平。

结构化模型的主要优点在于：将违约事件视为资产价值跌破一个特定阈值的结果，从而将债务违约与公司的基本面状况相关联，风险定价的结果与经济学直觉基本一致。当企业的财务信息透明时，基于结构化模型，通过模拟违约过程可深入解析信用违约事件发生的原因。此外，结构化模型与 Black-Scholes 的奇异期权定价理论的逻辑和数学处理方法一致，故大部分结构化模型可提供封闭形式的解。

然而，结构化模型也存在明显的不足。首先，模型假设相对复杂。在差异化考虑企业个体财务信息的同时，也降低了模型在快速定价方面的效率。同时，存在误差风险。运用结构化模型，需要获得标的企业的资产波动率和违约阈值信息。在通常情况下，这两个参数是难以直接观测的，可能为风险定价过程带来一定程度上的误差风险。

2. 简化形式模型

在 20 世纪 90 年代中期，基于简化形式模型的信用风险定价研究成为学术界和实业界的主流。简化形式模型的基本概念最先由 Jarrow 和 Turnbull(1995)提出，随后由 Duffie 和 Singleton(1999)进一步发展。它与结构化模型的最主要区别在于：简化形式模型假设违约事件是外生于企业基本面的，即当估计违约事件发生的概率时，无须财务信息的支持。这种处理极大地简化了信用风险定价过程,使模型可操作性大大提升。

简化形式模型下,假设违约事件服从如表达式(3.2)所示的泊松分布:

$$\Pr[N(r+\tau) - N(t) = 1] = e^{-\lambda \tau}\lambda\tau \qquad (3.2)$$

这里 N 表示债务状态,可以取 0 或 1 两个值。$N=0$ 表示没有发生违约;而 $N=1$ 表示已发生违约。参数 λ 在泊松过程中被称为强度率(Intensity Rate),表示在风险中性测度下违约事件发生的(时间维度上)概率密度。由于该参数在模型中的重要性,简化形式模型有时也被称为"违约强度模型"。

在泊松过程的框架下,特定时段内某只债券免于违约的概率可以表示为违约强度率的函数,如式(3.3)所示:

$$\frac{-\mathrm{d}Q(0,t)}{Q(0,t)} = \lambda(t)\mathrm{d}t, \quad Q(0,T) = e^{-\int_0^t \lambda(u)\mathrm{d}u} \qquad (3.3)$$

Jarrow 和 Turnbull(1995)假设了一个不随时间变化的违约强度率,并同时假设了一个外生的债务违约回复比率(Recovery Rate)。债务违约回复比率即:债务违约后,债券的残值与其名义额的比率。他们还假设了违约清算与债务残值的交割只在债务到期日进行。

为弥补 Jarrow-Turnbull 模型在模型假设上的缺陷,Duffie 和 Singleton(1999)建立了一个修正版本的简化形式模型。他们放松了违约清算只能在债务到期日发生的假定;并假设违约发生后的债券残值与违约前债务的市场价值之间存在一个固定的回复比率。第二个修正的意义在于:在 Jarrow-Turnbull 的原模型设置下,基于市场预期,临近违约前,企业债务的市场价值很可能远远低于其名义额。根据固定回复比率和相对债务名义额得出的债券残值,很可能远高于违约前债务的市场价值,这是不符合实际的。

与结构化模型相反,简化形式模型的主要优点在于:模型假设相对简单。在模型构建时一个通常的原则是:模型需要估计的参数越少,使用者出错的概率也就越低。简化形式模型采用"违约强度"这一变量来描述信用违约过程,使随机过程更易于理解和便于操作,从而更适用于实际操作中的信用衍生品定价问题。

简化形式模型的不足在于:与标的主体的基本面信息关联度较弱。如果债券合约中包含了限制性条款或其他特殊的合约安排,很难根据实际情况修正模型假设。此外,对相互关联的违约事件适用性较低。通过设置一个外生的违约相关系数处理相互关联的违约事件,很难揭示导致这种相关性的内在机制。尽管如此,Duffie-Singleton 形式的模型仍在信用衍生产品定价领域被广大产品设计者和投资者所采纳。其主要优势在于:模型设定简明易懂、便于操作,且适用于大量信用衍生产品的快速定价。

二、模型构建

1. 现有定价模型的局限

作为中国信用风险缓释凭证市场的主要做市商,CBIC 现有定价模型的假设基本遵循简化形式模型。该模型显示出几点不足:(1)现有模型假设信用违约事件及 CRM 合约的清算只在合约到期日才能发生。这个假设极大地简化了模型的计算量,但与现实不符。新模型放松了这条假设,即允许信用违约事件发生在到期日前的任意时点,并假设在违约事件发生后的第一个 CRM 保费交付日进行合约清算。(2)现有模型假设违约后债券的残值与其名义面额成一个固定的比率,即采纳 Jarrow-Turnbull(1995)理论框架下的假设。文献综述中已论及该条假设的不合理性,故新模型采纳 Duffie-Singleton(1999)的回复比率假设以修正此瑕疵,即债券残值与违约前债券的市场价值比值固定。(3)现有模型将所有债券的回复比率先验地设定为 50%,这个估计缺乏实证数据的支持,即可能在定价过程中引入系统性的误差风险。新模型通过 Monte Carlo 模拟,为每一只债券估计隐含的回复比率。值得指出的是,模拟违约过程的逻辑与结构化模型的思路一致,且需要公司财务数据为模拟提供输入参数。Monte Carlo 模拟的引入,使新模型从单纯的简化形式模型,转变为简化形式模型与结构化模型的混合体。

2. CRM 定价表达式的推导

新模型在信用风险定价方面基本遵照 Duffie-Singleton 简化形式模型,且所有的定价过程均在风险中性测度下完成。λ 表示违约强度率,用以描述所有相关方的信用违约风险。假设对一只给定的债券,存活概率函数 $Q(t,T)$ 表示它在时刻 t 到 T 之间的时段内不发生违约的风险中性概率,有如下过程:

$$-dQ/Q = \lambda dt \tag{3.4}$$

上述公式(3.4)表示,在此前没有违约的前提下,任意时段内发生违约的条件概率仅由违约强度率决定,且强度率等于风险中性测度下单位时间内违约的条件概率。

假设违约后债券的残余价值是违约前市场价值而非债券名义面额的一个固定的比例。在 t 时刻,设在 T 时到期的债券价格为 $D(t,T)$,有如下表达式(3.5):

$$\text{Recovery}(t) = \delta D(t,T) \tag{3.5}$$

其中等式左边代表债券违约后的残余价值,δ 代表固定的回复比率。在风险中性测度下,金融资产的价格等于其未来净现金流的期望值乘以无风险折现因子。考虑由 t 时刻始的一小段时间增量 dt,可将 $D(t,T)$ 表达为 $D(t+dt,T)$ 的函数,如表达式(3.6)所示:

$$D(t,T) = \frac{1}{1+r_f dt}[\lambda dt \cdot \delta D(t+dt,T) + (1-\lambda dt) \cdot D(t+dt,T)] \tag{3.6}$$

通过将 $D(t+dt,T)$ 递归替代,得到表达式(3.7):

$$D(t,T) = \left[\frac{1 - \lambda d(1-\delta)}{1 + r_f dt}\right] \cdot \text{Par} \qquad (3.7)$$

使 $dt \to 0, n \to \infty$，有表达式(3.8)：

$$D(t,T) = \text{Par} \cdot \exp(-(r_f + \lambda(1-\delta))(T-t))$$

所以

$$r - r_f = \lambda(1-\delta) \qquad (3.8)$$

在公式(3.8)中，r 代表债券的到期收益率，r_f 代表相同期限的无风险收益率，公式的左边恰好是债券的信用利差。公式(3.8)将违约强度率、回复比率这两个关键的模型参数，与信用利差这个在市场上可观测的指标联系在一起，使模型的进一步构建成为可能。

CRM 合约主要由两部分构成：即信用保护部分(Protection Leg)和保费部分(Premium Leg)。信用保护部分指合约卖方提供的违约赔偿价值，而保费部分则为合约买方为获取违约赔偿而支付的一系列保费的价值。与远期合约类似，CRM 合约在初始缔约时不存在净值，故合约两部分的价值在缔约时应当相等，且通过 CRM 价格(即保费率)来调整。

在为 CRM 的这两个组成部分定价时，需要将可能发生的现金流经概率调整后折现到当前。鉴于所涉及的概率均为风险中性概率，适用的折现率即无风险利率。由于买、卖双方都可能违约：当标的债务违约时，卖方可能拒绝进行赔偿；而买方也可能在合约到期前停止支付保费，在处理交易对手方风险时，需要估计交易双方与标的实体的联合违约概率。

为了减轻模型的计算量，假设一旦标的违约，CRM 合约便在紧邻其后的保费支付日进行赔付清算。假设集合 $\{T_j\}$ 代表 CRM 的一系列保费支付日期，下脚标 1、2 和 3 分别代表标的实体、CRM 的卖方及买方。$P_i(t, T_j)$ 表示基于时刻 t 的信息，实体 i 在 T_j 前发生违约的全概率。进一步地，P_{lm} 代表实体 l 和 m 之间的联合违约概率，即实体 l 和 m 同时发生违约的概率；与此对应，Q_{lm} 代表 l 和 m 的联合存活概率。[1]

对于信用保护部分,卖方的赔付只发生在标的违约且卖方没有违约时。该事件在 T_{j-1} 和 T_j 之间的时段出现的概率如表达式(3.9)所示:

$$[P_1(t,T_j) - P_{12}(t,T_j)] - [P_1(t,T_{j-1}) - P_{12}(t,T_{j-1})] \quad (3.9)$$

如果用 A 来表示 CRM 合约的名义额,则卖方向买方支付的净赔付额为:$A - \delta D(T_j, T)$。

那么,信用保护部分的现值如表达式(3.10)所示:

$$信用保护现值 = \sum_{j=1}^{n} e^{-r_f(t,T_j)(T_j-t)}(A - \delta D(T_j, T))$$
$$\cdot \{[P_1(t,T_j) - P_{12}(t,T_j)]$$
$$- [P_1(t,T_{j-1}) - P_{12}(t,T_{j-1})]\} \quad (3.10)$$

考虑到债券价格 $D(t,T)$ 有如下的形式(3.11):

$$D(t,T) = A e^{-(r_f + \lambda(1-\delta))(T-t)} \quad (3.11)$$

最终得到信用保护部分的现值,如式(3.12)所示:

$$信用保护现值 = \sum_{j=1}^{n} A e^{-r_f(t,T_j)(T_j-t)}(1 - \delta e^{[-(r_f + \lambda_1(1-\delta))(T-T_j)]})$$
$$\cdot \{(1 - Q_1^{T_j})Q_2^{T_j} - \rho_{12}\sqrt{Q_1^{T_j}Q_2^{T_j}(1-Q_1^{T_j})(1-Q_2^{T_j})}$$
$$- (1 - Q_1^{T_{j-1}})Q_2^{T_{j-1}} + \rho_{12}\sqrt{Q_1^{T_{j-1}}Q_2^{T_{j-1}}(1-Q_1^{T_{j-1}})(1-Q_2^{T_{j-1}})}\}$$
$$(3.12)$$

对于保费部分的现值,推导过程是类似的。每一笔保费支付的前提,都是标的与 CRM 买方均没有发生违约,相应的概率为 Q_{13}。单笔保费支付额是"sA",这里 A 仍然表示 CRM 合约的名义额。保费部分现值公式如式(3.13)所示:

---

[1] 关于如何将联合违约概率函数分解为单个主体的违约概率的表达式,详见附录1。

$$保费现值 = s \cdot \sum_{j=1}^{n} A e^{-r_f(r,T_j)(T_j-1)} Q_{13}(t, T_j)$$

$$= s \cdot \sum_{j=1}^{n} A e^{-r_f(r,T_j)(T_j-1)} \left[Q_1^{T_j} Q_3^{T_j} + \rho_{13} \sqrt{Q_1^{T_j} Q_3^{T_j}(1-Q_1^{T_j})(1-Q_3^{T_j})} \right]$$

$$= s \cdot 保费折价 \tag{3.13}$$

鉴于合约初始净值为零,且信用保护与保费部分的现值相等,则 CRM 价格 s 很容易得到,如式(3.14)所示:

$$s = \frac{信用保护现值}{保费折价} \tag{3.14}$$

3. Monte Carlo 模拟

在为 CRM 定价时,需要模型输入参数,用以 Monte Carlo 模拟。其中,部分参数是定价模型计算公式所直接需要的,即直接参数;部分参数是用于估计直接参数的,即间接参数,间接参数均为市场上可观测的。表 3.1 列出了所有需要的直接参数和间接参数。

表 3.1 定价模型输入参数

名称	参数解释	直接/间接
$\{r_f\}$	与 CRM 保费支付日相对应的一系列无风险利率	直接
λ_1	标的实体的违约强度率	直接
λ_2	CRM 卖方的违约强度率	直接
λ_3	CRM 买方的违约强度率	直接
δ_1	标的债券的违约回复比率	直接
ρ_{12}	标的实体与 CRM 卖方的违约相关系数	直接
ρ_{13}	标的实体与 CRM 买方的违约相关系数	直接
Mat	CRM 合约的到期日	直接
$cs_{1,2,3}$	标的实体、CRM 卖方及买方各自债券的信用利差	间接
lev_1	标的实体的财务杠杆比率	间接
σ_{Asset}	标的实体的资产价值波动率	间接
μ_1	标的实体的年化股息率	间接

根据公式(3.8),债券的信用利差、回复比率及违约强度率三者共同构成了一个等式。其中,给定任意两者,第三个变量便可随之确定。信用利差是可观测的指标,但回复比率和违约强度率是不可观测的。依据传统简化形式模型的处理办法,通常假设一个先验的回复比率(一般为40%—50%),或采用历史数据的均值作为回复比率的估计值。由于中国债券市场极少发生真正意义上的信用违约,新模型提出了一个新的解决思路:使用结构化模型的假设,通过 Monte Carlo 模拟来为每只债券估计一个适用于其自身的违约强度率,然后用这个强度率来计算隐含的回复比率。具体的步骤如下:

根据结构化模型,做出一个简化假设:即标的实体会在其资产价值跌破阈值时发生违约。企业的资产价值服从公式(3.1)描述的随机过程,而违约阈值则为债务的市场价值。只要能够获得企业期初的财务杠杆比率,资产与其阈值的相对比例便可确定。

通过 Mathworks Matlab 软件,构建一个步长为一天的模拟过程,并为每只债券模拟 10 000 次。模拟需要的输入参数为无风险利率、企业期初的财务杠杆比率、年化股息支付率、债券的到期收益率及资产波动率。鉴于企业的资产波动率难以直接观测,故采用替代方法,用股价波动率来推算之。在结构化模型假设下,两者关系如式(3.15)所示:[①]

$$\sigma_E = \frac{A}{E} N(d_1) \sigma_A$$

其中:
$$d_1 = \frac{\ln(A/D) + (r_f + 0.5\sigma_A^2)T}{\sigma_A \sqrt{T}} \quad (3.15)$$

根据上述表达式,用公司的股价波动率数据估算其资产波动率。

在进行违约过程的模拟时,需要记录标的实体发生违约的总次数,然后除以

[①] Choi 和 Richardson(2008)。

总模拟次数10 000，便得到企业在债券到期前违约的全概率。用债券到期期限除违约概率，即得到违约强度率。①

4. 定价结果与CBIC报价的比较

基于以上方法，便可针对中国银行间市场交易的债券试算以各券为标的的CRM理论价格。由于定价模型更适用于标的债券期限较长的CRM，故以中期票据和企业债作为标的更为合适。由于在定价过程中需要用到股价波动率的数据，所以在中期票据和企业债的基础上，还需要选择发债主体为上市公司的债券。为了避免短期流动性需求对债券价格造成的扰动，还剔除了在60天内即将到期的债券。

无风险利率的确定，则依据中国银行间市场的国债到期收益率。万得（Wind）资讯金融数据库提供了一系列特定期限的国债到期收益率，通过线性拟合，得以获取完整的无风险利率曲线。债券的信用利差即债券的到期收益率减去对应期限下的无风险利率。然后，利用结构化模型的方法来估计标的债券的违约强度率，并计算隐含的回复比率。此外，在定价试算中，简化地假设CRM卖方的违约强度率为1%，买方的违约强度率为0.5%。②

另外，还需要从公司最近公布的财务季报中得到标的实体的财务杠杆比率，即用公司过去五年的股息支付比率的均值作为对该变量未来的估计。股价波动率的衡量，则基于公司股票过去120日的日收益率标准差年化。关于违约相关系数的确定，股票收益率的相关系数可以作为该变量的合理估计。在定价试算中，简化地假设标的实体与CRM卖方的违约相关系数为60%，而标的实体与买方的相关系数为10%。

---

① 注意，当估计得到的违约强度率小于债券的信用利差时，可能会出现一个逻辑悖论。根据公式(3.8)，在这种情况下，推算得到的回复比率会是负数，而这是不合理的。为了解决这个问题，需要人为地假设此时回复比率为零，并相应地将违约强度率的数值调整为与信用利差相等。

② CRM买、卖双方的违约强度率可以用与计算标的实体违约强度率相同的方法得到。

第三章 中国信用风险缓释工具定价理论模型

由于定价试算采用2012年2月10日的债券价格及其他相关信息,故计算出的CRM理论价格应视为当天的价格。这些被定价的CRM合约,完全覆盖标的债券剩余期限、每年支付一次保费的合约。试算中的CRM价格均值为162.57基点,这个数值比较合理。①

为进一步检验新模型的合理性,可以将一只CRM的理论定价结果与CBIC提供的真实CRMW报价进行对比。例如,CBIC于2010年12月发行了一只以上海电力股份有限公司2009年度第一期中期票据(09沪电力MTN1)为标的债券的信用风险缓释凭证(CRMW),并公布了报价。基于新模型及相应的模型假设,通过模拟这只CRMW自2011年年初以来的价格走势,并将其与CBIC的报价做了时间序列上的对比,如图3.1所示。

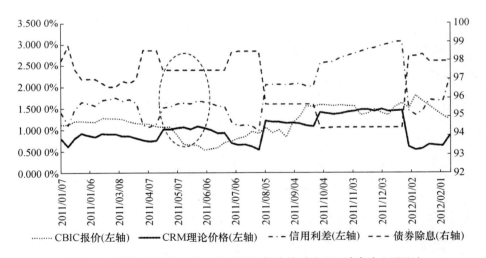

图3.1　CRM理论定价结果与CBIC报价的对比(09沪电力MTN1)

资料来源:万得(Wind)资讯金融数据库。

由图3.1所示,由于模型设定的不同,计算的CRM理论价格与CBIC的报价

---

① 作为CRM标的的大部分企业债券并没有与其相对应的CRM在现实中交易,故应视为理论试验。基于新模型的CRM定价结果,详见附表1。

并不完全拟合。对比发现:(1)基于新模型计算出的 CRM 理论价格在平均水平上略低于 CBIC 的报价,但二者走势基本一致。(2)基于新模型计算出的 CRM 理论价格与标的债券的信用利差联系紧密,此特征在虚线圆圈标出的时段内更为明显。在 2011 年 4—5 月,债券的信用利差明显扩大,预示着市场觉察到了更高的信用违约风险。与市场判断一致,CRM 理论价格随信用利差的扩大而显著上升,但 CBIC 的报价却意外下降,并不符合实际情况,一定程度上反映了基于新模型的定价优于 CBIC 定价。(3)由于债券价格与信用利差的变化存在阶跃的特征,基于新模型的理论价格也显现出较为剧烈的变化,但 CBIC 报价的走势却相对平滑。

5. 参数敏感性分析

作为对模型内生因素影响 CRM 价格的分析,通过分析定价结果对输入参数的敏感性,可以测试模型的自洽性和参数稳定性。

(1)定价结果对标的债券回复比率及违约强度率的敏感性

分析 CRM 定价结果对标的债券违约回复比率及违约强度率的敏感性,即在标的债券违约回复比率及违约强度率的不同取值下,观察模型定价结果的变化。在这个过程中,其他输入参数将依据如下设定保持不变:CRM 卖方和买方的违约强度率分别为 1% 和 0.5%;标的实体与卖方的违约相关系数为 60%,而标的实体与买方的违约相关系数为 10%;CRM 完全覆盖标的债务的剩余期限,并假设该期限为 5 年;CRM 保费每年支付一次;使用 2012 年 2 月 10 日银行间市场国债到期收益率曲线作为无风险利率期限结构。

如图 3.2 所示,各曲线上的百分比标签代表了该曲线对应的标的实体违约强度率。通过模拟结果,可以发现:(1)伴随标的债券回复比率的上升,CRM 价格呈下降趋势;而标的实体违约强度率对 CRM 价格正相关,即违约强度率越高,CRM 价格也越高;(2)在较高的回复比率水平下,CRM 价格对回复比率的变化更为敏感,即伴随回复比率的走高,CRM 价格——回复比率曲线的斜率也随之增大。

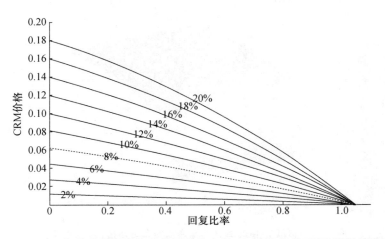

图3.2 不同标的违约强度率下的回复比率与CRM价格关系图(模拟结果)

为进一步分析CRM价格对回复比率及标的违约强度率的敏感程度,可以定义如下两个指标:价格的回复比率弹性(Elasticity)及价格的标的违约强度率弹性,这两个弹性指标描述了在参数变化单位百分比的情况下,相应CRM价格变化的百分比数。用ε来表示弹性指标,如式(3.16)所示:

$$\varepsilon_\delta = \frac{\Delta \text{CRM价格}}{\text{CRM价格}} \cdot \frac{\delta}{\Delta \delta} \quad \varepsilon_{\lambda_1} = \frac{\Delta \text{CRM价格}}{\text{CRM价格}} \cdot \frac{\lambda_1}{\Delta \lambda_1} \quad (3.16)$$

以上两个弹性指标都是模型输入参数的函数,运用Mathworks Matlab,依据前述的其他输入参数设定,可计算得出在回复比率及标的债券违约强度率的不同组合下两个弹性指标的数值。① 图3.3和图3.4为CRM价格的回复比率弹性和标的违约强度率弹性的三维示意图。

基于图3.3,可以观察到:由于价格和回复比率负相关,CRM价格的回复比率弹性为负数。当回复比率接近100%时,价格弹性的绝对值显著上升;而回复比率弹性在标的违约强度率这个维度上的差异则始终较小。当回复比率达到

---

① 基于新模型的CRM价格的回复比率弹性及标的违约强度率弹性的数值结果,详见附表2和附表3。

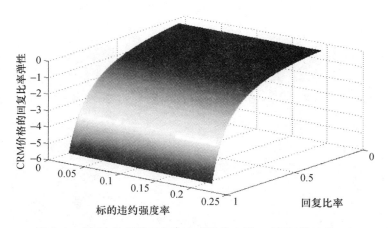

图 3.3　CRM 价格的回复比率弹性的三维示意图(模拟结果)

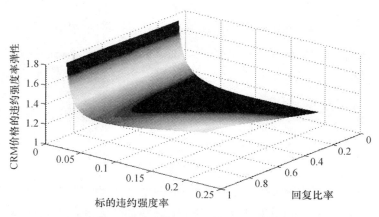

图 3.4　CRM 价格的标的违约强度率弹性的三维示意图(模拟结果)

90%时,回复比率弹性的数值大约为 -6,这意味着此时回复比率若再上升自身的 1 个基点,CRM 价格会下降 6 个基点。对于中等水平的回复比率,该弹性的数值较为平稳。比如,当回复比率在 50%—60% 的区间内时,回复比率弹性稳定于 -0.7 至 -1.3 这个区间。

基于图 3.4,可以观察到:由于标的违约强度率与 CRM 价格正相关,CRM 价格的标的违约强度率弹性为正数,该弹性的波动范围比回复比率弹性小很多。

根据图 3.4 中覆盖的所有回复比率与标的违约强度率组合,该弹性的数值始终落在 1.0 至 1.8 这个区间之内,表明标的违约强度率对 CRM 价格的影响非常稳定。此外,价格的标的违约强度率弹性并不随违约强度率的上升而单调下降,而是在强度率超过 10% 以后有所反弹。

通过以上讨论,不难发现:在通常情况下,CRM 价格的回复比率弹性及标的违约强度率弹性均表现出较为稳定的特征,且其绝对值维持在相对较低的水平(小于 10)。这个结论表明:与标的债券信息有关的输入参数所引致的参数误差风险较低,基于新模型的定价结果相对稳定。

(2)定价结果对交易对手方风险的敏感性

在量化交易对手方风险时,新模型会用到如下四个输入参数:买、卖双方的违约强度率,以及卖方与标的实体的违约相关系数、买方与标的实体的违约相关系数。接下来,将观察在以上参数的不同取值下,CRM 价格对合约买、卖双方信用风险的敏感性。

如图 3.5 所示,CRM 卖方的违约强度率与 CRM 价格负相关,而买方的违约强度率与 CRM 价格正相关,与预期相符。此外,CRM 价格对卖方违约强度率的

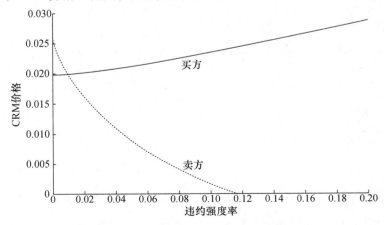

图 3.5　不同卖方/买方违约强度率下的 CRM 价格(模拟结果)

变化更为敏感。当设定标的实体的违约强度率为5%且标的与卖方的违约相关系数为60%时,若卖方的违约强度率大于11.78%,CRM合约对买方没有价值。

图3.6中的两条曲线描述了在不同的卖方/买方与标的实体的违约相关系数下,CRM价格的走势。可以发现:卖方与标的实体的违约相关性对CRM定价的影响更为显著,而买方相关系数与CRM价格的关系并不显著。另外,无论是买方还是卖方,相关系数与CRM价格均为负相关,与预期相符,证实了新模型理论上的自洽性。具体地,卖方与标的实体的信用违约相关度越高,买方面临的对手方风险就越大;相应地,买方应支付的CRM费率也就越低。

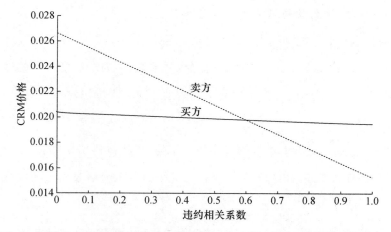

图3.6 不同卖方/买方与标的实体的违约相关系数下的CRM价格(模拟结果)

通过以上分析,在沿用Duffie-Singleton简化形式模型的基础之上,本章提出了一个全新的适用于中国市场的信用风险缓释工具(CRM)定价模型(新模型)。与传统信用风险定价模型相比,新模型主要做出了两项重要改进:首先,依据结构化模型的逻辑,在回复比率历史数据缺失的情况下,利用标的债券的交易数据和标的主体的财务信息,通过Monte Carlo模拟的方法,估计得到标的债券的隐含违约回复比率。通过模拟估计回复比率,得以摆脱对违约历史数据的依赖。这项改进旨在适应中国债券市场的现状,即至今极少发生真正意义上的信用违约事件,并通过这项改进,将模型转变为简化模型与结构化模型的混合体。其次,新模型同时考虑了 CRM 买方和卖方的违约风险。鉴于我国 CRM 市场当前只对机构投资者开放,故可用与估计卖方违约风险相同的方法计算买方的违约风险。CRM 买方有义务向卖方定期支付保费,买方同样存在违约的可能,考虑买卖双方的违约风险使定价模型更为全面。同时,通过对定价模型进行参数敏感性分析,可以发现:基于新模型的 CRM 价格对各输入参数变化的反应均与预期一致,敏感性较为稳定,从而验证了新模型的理论自洽性。

第四章 中国信用风险缓释
工具定价实证研究

上一章主要探讨了中国信用风险缓释工具定价模型之内的因素,即基于模型内生因素的理论研究。本章将从实证的角度,研究影响中国信用风险缓释工具价格的模型外生因素。目前,国内鲜有关于 CRM 价格影响因素的研究。一方面,这些因素会间接作用于信用衍生工具投资的价值,对投资者而言尤为重要;另一方面,从长期看,全面了解影响 CRM 价格的模型外生因素,对更加深入了解我国 CRM 市场,从而提升其流动性,保证其持续、稳定发展,也具有至关重要的意义。

本章第一部分就 CDS 价格影响因素的文献进行了简单梳理,第二部分则选取了中国银行间市场交易的中期票据和企业债作为研究样本,鉴于难以获取真实的 CRM 市场数据,故选用标的债券的信用利差作为 CRM 价格的代理变量,从而进行实证分析,以期深入理解影响中国 CRM 价格的模型外生因素。

一、文献综述

基于美国和欧洲市场的数据,Blanco、Brennan 和 Marsh(2005)发现,CDS 的价格与信用利差紧密相关。对于样本内的债券,二者之间的平衡关系牢不可破,并证实这样的结果与定价理论一致。Hull、Predescu 和 White(2004)亦在美国市场发现了类似的结论。

Collin-Dufresne 和 Goldstein(2001)使用了一组包含宏观和公司个体信息的变量解释美国市场信用利差的变化。这些解释变量包括国债收益率、标普500隐含波动率和公司财务杠杆比率等。研究发现,模型对信用利差变化的解释力低于25%;他们同时还发现,回归模型的残差项高度自相关,预示其模型缺少一个影响信用利差变化的市场系统性因子。由于此因子很有可能是短期内市场的供需冲击所引致,故很难被量化。

Bhar 和 Handzic(2011)研究了影响信用利差总体水平的决定因素。他们发现美国市场的信用利差指数主要由三个宏观因子来解释:股票市场隐含波动率、长期债券收益率和标普500收益率。

Elton、Gruber、Agrawal 和 Mann(2001)在他们的研究中发现,作为信用风险的代理变量,第三方评级机构给出的信用评级能够在很大程度上解释债券收益率,但它只能解释信用利差约20%的部分。他们认为,在解释信用利差时,差别税率与信用风险至少同等重要。与 Collin-Dufresne 和 Goldstein (2001)的发现类似,他们提出大部分的信用利差变化应当由一个表征市场系统性风险的因子来解释。

目前国内有关信用利差影响因素的研究较少。任兆璋和李鹏(2006)对中国市场上企业个体性因素影响债券信用利差的方式,进行了实证研究。他们使用企业的财务杠杆率、总资产规模和债券的剩余期限作为独立变量,来解释不同债券间的信用利差差异。但是,他们的研究样本过小,仅包含了18只债券。王丽芳和刘兴革(2007)对交易所公司债券信用利差进行了相似的研究,但他们的样本空间同样有限。

张燃(2008)从宏观的角度研究了信用利差的决定因素,通过建立一个 VAR 模型,来检验宏观经济因子对整个市场信用利差水平的影响。他的研究确认了三个显著影响市场信用利差水平的因子:短期国债到期收益率、无风险期限结构斜率,以及股票市场收益率。李岚和杨长志(2010)基于月度面板数据,研究了中期票据信用利差的变化与 10 年期国债收益率、中期票据月成交频率和一些宏观经济指标的关系,得出回归系数大多显著为负和模型解释力不足 30% 的结论。

二、数据和实证模型

1. 数据

由于难以获取真实的 CRM 市场数据,故选用标的债券的信用利差作为 CRM 价格的代理变量,进行实证研究。同时,选取中国银行间市场交易的中期票据和企业债,作为研究的债券样本。为了确保能够获得足够的财务信息以及股价波动率数据,还要求债券的发行人为上市公司。对于信用利差,通过运用季末当天的债券价格和国债收益率数据来计算。鉴于季度末本季度的财务报表尚未公布,公司基本面的信息则基于上一季度的财务报告。相关数据均来自万得(Wind)资讯金融数据库。

针对具体回归模型,研究先是基于 2012 年 2 月 10 日当天的数据,进行了多元线性最小二乘回归(OLS),以解释不同债券间的信用利差差异。该样本剔除了 60 日内即将到期的债券,最终满足条件的债券共有 160 只。为了检验各因子对信用利差影响的稳定性,研究还使用了季度面板数据,即 2009 年第一季度至 2011 年第四季度的数据,进行了面板数据回归(固定效应模型)[1]。由于在不同

---

[1] Hausman 检验显示,固定效应模型优于随机效应模型。

的时点上满足要求的债券个数不同,故面板数据是非平衡的,总观测数为1 072。

2. 变量

信用利差是回归模型中的被解释变量,通过标的债券的到期收益率减去相应期限下的无风险收益率而得到,无风险收益率为银行间市场的国债到期收益率。

根据结构化模型,一些标的债券的个体性因素可用来解释信用违约风险,因此它们将被作为影响CRM价格的重要因素,引入回归模型中。具体地,采用以下因子作为解释变量:(1)财务杠杆率的变化:企业的财务杠杆率即其负债与资产的比值,是企业偿债能力的风向标。它的显著提升,意味着企业近期更多地使用债务融资手段,将被视为企业违约风险上升的信号。其他条件不变的情况下,预期这个变量对信用利差具有正向的影响。(2)股价波动率:标的实体的股价波动率由公司股票在过去120个交易日内的日收益率标准差计算得到。在结构化模型的框架下,所有者权益被看作一种看涨期权,且期权的标的是公司的资产。在其他条件不变的情况下,股价波动率越大,看涨期权的价值就越高,相应公司债权的价值也就越低,所以预期股价波动率与信用利差呈正相关的关系。(3)债券的久期:久期描述了债券持有者现金流收入的平均期限。久期越长,意味着债券持有者获得投资回报的周期越长,也就是说他承担的风险相对更高。基于经典的结构化模型框架,在其他条件不变的情况下,久期应与信用利差正相关。(4)总资产规模:总资产规模即标的实体在财务季报中所披露的公司总资产价值。在中国,一般来说,资产规模越大的企业越容易获得投资者的信任,市场对其违约风险的预期也相应越低。在其他条件不变的情况下,预期总资产规模与信用利差负相关。表4.1概括了模型所采用变量的含义。

表 4.1 变量定义

变量	定义	预期
CS	信用利差,即债券的到期收益率减去无风险收益率	被解释变量
d_lev	标的实体资产负债率的季度变化	+
eq_vol	标的实体股票在过去 120 个交易日内的日收益率标准差	+
Dur	标的债券的修正久期	+
a_size	标的实体的总资产价值	−

3. 回归模型构建

首先,运用表 4.1 中的变量构造一个多元线性最小二乘回归模型(OLS),以解释不同债券间的信用利差差异,如下所示:

$$CS_i = \alpha + \beta_1 d\_lev_i + \beta_2 eq\_vol_i + \beta_3 dur_i + \beta_4 a\_size_i + \varepsilon_i$$

其中,i 代表第 i 只债券。

然后,再构造一个时间固定效应模型,以检验各因子在过去的 3 年时间内对信用利差影响的稳定性,如下所示:

$$CS_{it} = \alpha + \beta_1 d\_lev_{it} + \beta_2 eq\_vol_{it} + \beta_3 dur_{it} + \beta_4 a\_size_{it} + \mu_t + \varepsilon_{it}$$

其中,i 代表第 i 只债券,t 代表研究时段的相应时点。

4. 实证结果

(1)多元线性回归(OLS)

对于多元线性回归(OLS),选取 2012 年 2 月 10 日当天的数据作为样本,并剔除了所有在 60 日内即将到期的债券。满足条件的债券共有 160 只,数据基本情况如表 4.2 所示:

表 4.2 多元线性回归(OLS)的横截面数据描述

变量	观测数	标准差	最小值	中位数	均值	最大值
CS	160	1.08%	0.48%	2.21%	2.38%	8.81%
d_lev	160	1.95%	−6.13%	0.53%	0.52%	6.87%

(续表)

变量	观测数	标准差	最小值	中位数	均值	最大值
Eq_vol	160	8.76%	14.73%	31.94%	32.33%	60.21%
Dur	160	1.49	0.27	2.94	3.01	8.02
a_size	160	3 575.29	9.81	314.37	1 554.73	18 730.11

表 4.2 显示,样本债券平均信用利差为 2.38%,最大信用利差达到 8.81%,说明市场预期下,各债券间的信用风险存在差异;信用利差的中位数与均值较为接近,说明信用风险较高的债券在样本中占比不大,信用利差呈现正态分布特征。表 4.2 还显示,各债券发行主体的财务杠杆较上季度整体有所上升,其财务杠杆变动的均值为 0.52%,中位数为 0.53%。发行主体的年化股价波动率均值为 32.33%,最大则达到 60.21%。

基于横截面数据的多元线性回归(OLS)结果如表 4.3 所示:

表 4.3 多元线性回归(OLS)结果

	截距	D_lev	eq_vol	Dur	a_size
参数	0.0247***	0.0635*	0.027***	−0.0031***	−4.49E-07**
标准误差	(0.0036)	(0.0371)	(0.0096)	(4.87E-04)	(2.36E-07)
观测数		160		调整后的 R 平方	0.2899
F 统计量		17.22***		F 统计量的 p 值	1.04E-11

注:*** 代表解释变量在 1% 的水平下显著,** 代表解释变量在 5% 的水平下显著,* 代表解释变量在 10% 的水平下显著。

表 4.3 显示,多元回归模型在 1% 的水平下显著,模型能够解释大约 30% 的不同债券间的信用利差差异。这个结果与 Collin-Dufresne 和 Goldstein(2001)针对美国市场的研究结论相吻合,他们认为模型解释力较低的原因是回归模型遗漏了一个能够表征市场短期供需冲击的系统性因素,而这个系统性因素很难被量化并计入模型内。

从表 4.3 中还可以看到,多元回归模型的所有解释变量均在 10% 的水平下显著,且股价波动率和债券久期的显著性水平达到1%。除久期外,其他解释变量对信用利差的影响方向均与预期一致。

针对债券久期与信用利差的负相关性,可以通过表4.4债券久期与债券信用评级的正相关性解释。样本中所有债券的评级均在AA-至AAA之间,共分为4档;若给不同的评级档位赋予不同的分数,从1至4分不等,则可计算得到信用评级与债券久期的相关系数,即0.2392。

表4.4 债券久期与债券信用评级的正相关性

信用评级	AAA	AA+	AA	AA-
评级打分	4	3	2	1
债券个数	69	37	45	9
债券久期的均值	3.52	2.45	2.83	2.36
信用评级与债券久期的相关系数	0.2392			

信用评级较高的债券无疑会显示较低的信用利差,加之表4.4所呈现的债券久期与信用评级的正相关特征,从而解释了久期与信用利差的负相关。该现象在中国市场是合理的,一般而言,信用资质较高、社会声誉较好的企业更有可能通过监管机构对其长期债券发行的审核。在研究样本内,共有10只债券的久期大于5年,且它们的评级全部为AAA。因此,从这个意义上,债券的久期也可以被看作信用评级的代理变量。

(2)固定效应模型

为进一步确认各因子对信用利差的影响在时间序列上是稳定的,基于2009年第一季度至2011年第四季度的面板数据,进行了面板数据回归。

在估计模型参数之前,首先检验多重共线性和内生性。经检验,所有解释变量的方差膨胀因子(VIF)均小于10,故不存在多重共线性。另一方面,鉴于股价波动率有可能内生,对其进行Hausman检验,结果显示该变量的内生性不显著。通过运用Hausman检验,揭示了固定效应模型优于随机效应模型。考虑到模型的残差项表现出异方差和序列自相关的性质,表明其中可能包含某些宏观经济或市场环境变化的信息,故采用时间固定效应模型,并用 White 协方差来估计参数的标准误差。

表 4.5 列出了固定效应模型所用面板数据的基本情况,在 2009 年第一季度至 2011 年第四季度的 3 年间,样本债券的平均信用利差为 1.48%;各发行主体的财务杠杆率整体是上升的,平均季度变动为 0.59%;发行主体的平均年化股价波动率为 34.91%,最大则达到 70.78%。

表 4.5 固定效应模型的面板数据描述

变量	观测数	标准差	最小值	中位数	均值	最大值
CS	1 072	0.76%	0.01%	1.41%	1.48%	6.47%
d_lev	1 072	4.85%	−31.02%	0.38%	0.59%	94.10%
eq_vol	1 072	11.31%	0.00%	33.30%	34.91%	70.78%
Dur	1 072	1.80	0.18	3.48	3.56	9.78
a_size	1 072	4 228.94	9.81	510.66	2 204.76	18 730.11

同时,作为稳健性检验,将基于同一个样本的时间固定效应模型的实证结果与混合 OLS 模型的实证结果进行比较,列于表 4.6。

表 4.6 固定效应模型与混合 OLS 模型结果的比较

	固定效应模型		混合 OLS 模型	
	参数	标准误差	参数	标准误差
截距	0.0111***	0.0011	0.0162***	9.14E-04
d_lev	0.0124***	0.0032	0.0111**	0.0047
eq_vol	0.0150***	0.0035	0.0038*	0.0022
Dur	−3.64E-04**	1.79E-04	−6.05E-04***	1.27E-04
a_size	−1.46E-07***	3.52E-08	−3.11E-07***	5.77E-08
时间期数	12		—	
总观测数	1 072		1 072	
F 统计量	21.87		16.66	
F 统计量的 p 值	0.0000		0.0000	

（续表）

	固定效应模型		混合 OLS 模型	
	参数	标准误差	参数	标准误差
R 平方	0.2370		0.0588	
调整后的 R 平方	0.2262		0.0552	
Log likelihood	3 851.51		3 738.98	
Akaike Info Criterion	−7.1558		−6.9664	

注：*** 代表解释变量在 1% 的水平下显著，** 代表解释变量在 5% 的水平下显著，* 代表解释变量在 10% 的水平下显著。

表 4.6 显示，各因子的参数估计在不同模型间较为稳定。其中，固定效应模型整体显著，且所有解释变量都在 5% 的水平下个体显著。鉴于固定效应模型的调整后 R 平方大于混合 OLS 模型的，前者的解释力更强；此外，Log-likelihood 和 AIC 指标也都支持固定效应模型优于混合 OLS 模型。以上结论均证明，模型中所考虑的四个债券个体性因素对信用利差的影响在时间序列上是稳定的。

基于以上实证分析，可以发现：标的主体财务杠杆率的变动、公司股权的波动率、标的债券的久期以及标的主体的总资产规模，均对债券的信用利差有显著影响，进而影响 CRM 价格。其中，与预期相悖，债券的久期与信用利差水平显著负相关。一个可能的解释是，该现象与中国债券市场的发行审批机制有关，即在中国市场，信用评级高、还债能力强的公司更有可能通过长期债券的发行审批。

综上所述，为了更深入地理解中国 CRM 定价机制，本章研究了影响 CRM 产品价格的模型外生因素，并进行了实证检验。实证结果表明，标的主体财务杠杆率的变动、公司股权的波动率、标的债券的久期以及标的主体的总资产规模，均对债券的信用利差有显著影响，进而直接影响 CRM 价格。一个重要发现是，在中国市场，债券的久期与其信用利差水平有显著的负相关关系，而这个现象与经典的信用风险的结构化模型给出的解释相左。一个可能的解释是，该现象与中国债券市场的发行审批机制有关，即在中国市场，信用评级高、还债能力强的公司更有可能通过长期债券的发行审批。

第五章　关于信用衍生工具发展对金融稳定性影响的理论探讨

对于信用衍生工具的作用,学术界一直存在分歧,大致有三种观点:第一种观点认为通过信用衍生工具进行的信用风险转移损害了金融稳定;第二种观点认为该活动增强了金融稳定;第三种观点则认为这种风险转移对金融稳定具有双重影响。本章将基于这三种主流观点,对现有文献进行回顾和梳理,并在最后得出须辩证看待信用风险转移对金融稳定性的影响,且须结合具体市场的金融实践与宏观审慎政策框架进行研究的结论。

一、认为信用风险转移损害金融稳定性的研究

Duffee 和 Zhou(2001)的研究强调金融体系内部通过信用风险衍生工具交易改变了交易者对信息不对称程度的预期,从而对金融稳定性造成负面影响的可能。在金融体系引入信用风险衍生工具交易之前,银行主要通过出售贷款进行风险转移。但是,由于银行相对于非银行金融机构存在对贷款质量的信息优势,因此贷款出售市场很容易受到非银行金融机构对信息不对称程度预期变化的影响。而引入信用风险衍生工具交易的风险转移机制之后,由于信用风险衍生工具的到期时间一般都短于银行贷款的到期时间,例如银行贷款到期时间为 5 年,而信用风险衍生工具到期时间为 2 年。在 2 年之内,信用风险事件是否发

生并不取决于贷款企业的新项目盈利,而更多地取决于贷款企业的原有项目盈利状况。显然,金融市场关于贷款企业原有项目盈利的信息不对称程度要远远低于对贷款企业新项目盈利状况的信息不对称程度。因此,银行通过信用风险衍生工具交易进行的风险转移基本是选择在高质量贷款项目的贷款初期进行的,此时银行和非银行金融机构之间的信息不对称程度最低。

引入信用衍生工具的交易之后,非银行金融机构会产生预期,认为银行把高质量的贷款在贷款初期进行信用风险衍生工具交易,因而通过贷款出售市场进行的风险转移都是低质量高风险的贷款,这种预期会导致贷款出售市场崩溃。在 Duffee 和 Zhou(2001)的研究中,信用风险衍生工具市场的发展和贷款出售市场崩溃的净效应使银行体系的风险难以有效转移,因而损害了金融稳定性。

Allen 和 Carletti(2006)从银行体系面临的流动性需求视角出发,得到出人意料的结论,认为信用风险转移很可能会使保险公司的系统性风险传导到银行体系,从而引发金融危机。他们的模型假设经济体中同时存在银行体系和保险公司,两类金融机构都可以持有短期和长期的无风险资产,如短期或者长期的政府债券,区别在于,只有银行可以通过吸收存款向企业提供风险贷款,保险公司则通过收入保费的形式对企业资产提供保险。如果所有银行都面临相同的客户流动性需求,银行将只持有短期的无风险资产和风险贷款。银行持有短期的无风险资产是为了满足部分存款客户的提前取款需要,即流动性需求。如果银行体系和保险公司之间不存在信用风险转移,则保险公司会将收取的保费只投资于短期的无风险资产,在客户资产受损时提供补偿。

在银行体系和保险公司之间存在信用风险转移的情况下,保险公司为了承担银行体系的信用风险,必须把一部分保费投资于长期的无风险资产。因此,信用风险转移使得银行体系和保险公司之间实现了风险的分散。但是,如果不同银行面临的客户流动性需求存在较大差别的话,部分银行可能遭受到较多存款客户的提款需求,而其他银行面临的提款需求则较小。为了在银行之间调剂流动性,此时银行除了持有短期的无风险资产和风险贷款外,还必须持有长期的无风险资产。因此,遭受流动性冲击的银行可以向没有遭受流动性冲击的银行出售长期的无风险资产,以获得流动性支持。

在存在信用风险转移的情况下,由于保险公司也必须持有长期的无风险资产,就有可能出现保险公司的风险传导到银行体系的情况。其机制如下:在保险公司承保客户出现大规模财产损失的情况下,保险公司为了进行赔付,必须出售长期的无风险资产,这会造成市场上长期的无风险资产价格下跌,如果银行体系也运用长期的无风险资产交易调剂流动性的话,就会造成银行的资产损失。也就是说,不存在信用风险转移时,因为保险公司和银行体系持有的金融资产不同,保险公司的系统性风险是不会传导到银行体系的;而存在信用风险转移的情况下,由于保险公司和银行体系都必须交易长期的无风险资产,就有可能出现保险公司的系统性风险传导到银行体系,从而引发金融危机。

此外,Baur 和 Joossens(2005)认为资产证券化降低了转出者的资本要求,如果风险的承担者不受监管约束,那么整个经济体的资本要求会降低,不足以应对风险,会导致系统性风险。具体来说,他们讲述了在什么样的情形下,银行的资产证券化会增加整个银行体系的系统性风险。首先,他们用一个简单的模型展示了资产证券化怎样通过将风险转移至市场上的其他参与者,来减少单个银行的经济资本要求。这个过程将从两个方面增加系统性风险,并对金融稳定性造成影响:首先,如果风险是从银行转移到不受监管的市场参与者中,则对于整个经济而言,由于这些风险的接受者不受经济资本要求的约束,这将导致整个经济的经济资本总量减少;其次,如果银行转而又投资于其他银行的资产支持证券,则这种风险转移将导致不同银行之间关联度的大大增加。不同银行之间关联度的增加,将会导致系统性风险的增加,在这种情况下,银行即便是按规定提取了经济资本,也是没有效果的。随后,他们在 Davis 和 Lo(2001)模型的基础上提出了一个改进版本的感染违约模型,并利用这个模型定量地论证了银行系统内银行之间关联性的增加将导致系统性风险的增加。整体来说,他们介绍了银行如何通过将风险转移给其他市场参与者来减少经济资本的要求。这种转移主要增加了银行体系内不同银行之间的关联度,而不同银行之间关联度的增加会提高系统性风险,从而对整个金融体系的稳定性造成威胁。同时,银行体系内不同的关联结构也会导致这些影响的不同。与关联度的不完全和不对称相比,完全和对称的关联度将导致风险显著地增加。此外,一个银行体系内银行的数目越多,则系统性风险的增长速度越慢。

Instefjord(2005)通过构建金融危机成本模型,对银行业稳定性问题进行了分析。他认为虽然通过使用信用衍生产品,银行可以更容易地对冲风险,降低风险的集中度,但也会提高银行承担风险的倾向。如果后者的作用相对更强的话,就会提高银行业的风险。具体来说,这篇论文打破了长久以来的一个观点,即认为银行系统内的风险具有系统风险的维度,因而信用衍生品市场的发展在对冲银行风险的同时,通过对冲也会减少系统性风险;而这篇论文却表明银行在对冲更多风险的同时,也在承担更多的风险,因而信用衍生品的创新从理论上讲具有增加银行系统不稳定性的可能。当然,如果在完全竞争的理想环境下,这种情况是可以避免发生的。银行改变资本结构的时候,必须要考虑到风险管理的问题。然而,当前银行很大一部分的资产都在严重缺乏流动性的贷款市场中,受这个相对僵硬的结构限制,任何资本结构的改变都将会导致很高的成本。这篇论文还表明银行风险与衍生品市场是无关的,即在不完全竞争的贷款市场中,根据贷款市场的价格弹性不同,系统性风险既可能下降也可能上升。如果贷款市场的价格弹性很高,则信用衍生品将显著地提高银行的风险。

Kranhnen 和 Wilde(2006)的讨论是基于担保债务凭证(CDO)对于金融系统稳定性的影响。CDO 是以抵押债务信用为基础,基于各种资产证券化技术,对债券、贷款等资产进行结构重组,重新分割投资回报和风险,以满足不同投资者需要的创新性衍生证券产品。作为一种固定收益证券,担保债务凭证的现金流具有较高的可预测性,因而可以满足不同的投资需求。大型商业银行通常将它们的部分贷款组合,以担保债务凭证的形式出售给投资者。

论文中,Kranhnen 和 Wilde(2006)分析了信用资产证券化怎样影响银行权益资本的价值周期性或者共同性。其中,银行权益资本的共同性反映了银行市场中系统性风险的绝大部分,其主要由银行贷款违约率的相关性来体现。他们考虑了 CDO 交易的程式化部分,主要体现在与 CDO 分层不匹配的风险承担上。文章提出了一个理论研究框架,以研究基于宏观风险因素和特质风险因素并通过证券化进行的信用风险转移,从而能够判断和分辨出对于 CDO 的每个分层所承担的风险类型,以更好地了解信用风险转移后的风险敞口。他们首先研究了不同的风险类型之间和同一风险类型之间的相关性性质。然后,他们研究了资产证券化对于 CDO 每层的系统性风险的影响,从而得出其对于发行银行权益资本的 β 系数的影响。模拟结果显示,在关于银行投资行为和资本结构选择等合理假设的前提下,发行银行的系统性风险提高,从而削弱了整个金融系统的稳定性。

具体地,他们模拟了一个银行的信用资产证券化操作,即银行重复地对其贷款组合进行证券化,同时保留其首次损失部分,然后将所得到的收益借给客户,以进行收益的再投资。通过给定的贷款组合的风险特征,他们研究了如下几个问题:信用资产证券化怎样改变银行剩余贷款的基本性质,即其损失率的分配;资产负债表中保留的资产比例和剩余资产部分的相关性如何;风险怎样从银行的资产负债表中移除,并转移到投资者手中;转移的风险是系统性风险还是公司

中国信用衍生工具研究

的特有风险(非系统性风险);银行资本价值对宏观因素的依赖水平是提高了还是降低了等。在市场中,投资者对于类似于 CDO 的优先级层次或者中间层次这类结构化的金融工具定价,一般是参考其所携带的系统性违约风险,因而系统性违约风险必须得到很好的测算。他们研究了基于基础资产的损失分布以及损失分布是怎样分配到 CDO 的各个层级,从而体现了对基础资产不同的债权要求。他们运用 Monte Carlo 模拟的方法,模拟出银行贷款组合的损失分布。对于层级,他们运用了使每个层级损失概率最大化的截止价值。在实际操作中,这些价值是由评级机构进行评判的。然后,他们对于不同层级和不同基础资产之间的相关性进行了研究。他们建立的资产价值模型,能够使其将宏观风险、行业风险以及企业的个别风险,分开进行研究。研究结果显示:在相同信用质量的情况下,在不同交易的层级中,最高级别层级具有最高的相关性系数和较低的系统性风险;而低级别层级具有较高的系统性风险。该研究结果能够帮助评价信用资产证券化对银行资本系统性风险的影响,从而对整个银行体系的系统性风险进行评价。他们认为,尽管银行对单个贷款进行资产证券化,但最终会增加其系统性风险暴露,而不是减少系统性风险暴露,甚至于导致银行危机的可能性增加。由此可见,银行进行信用风险转移增加了金融系统的不稳定性。

Cole,Feldberg 和 Lynch(2007)认为近些年来,银行和许多金融机构将目光转向了全球金融市场的金融衍生品,例如信用衍生品。这些产品的出现,极大地提高了市场的效率。由于金融衍生品能够提高金融市场的流动性,更好地发现价格,最终可以促使资本价格的下降。这些私人投资资产池和另类投资手段的出现,对于整个金融市场而言,具有重大影响。它们的出现和兴起促进了信用工具交易的革新,但若这些新型的信用衍生品缺乏透明度以及配套的监管机制,如何进行投资者保护以及发现潜在的系统性风险,则成为监管当局最关心的问题。事实上,随着这些金融衍生品的增长,对冲基金也在迅速发展。在对冲基金所管理的资产迅速增加的同时,其交易策略也呈现出愈发多样化的态势,反映出对冲基金在越来越多的金融市场上,正扮演着越来越重要的地位。在信用风险转移市场中也不例外,对冲基金是信用风险转移市场的流动性提供者和风险的最后承担者。信用风险转移市场的产品包括了信用衍生工具、二级贷款以及各种资产证券化的产品,例如贷款抵押支持证券以及其他结构化的信用产品。1990年,对冲基金投资于与信用有关的资产的比例只为6%;而到了2006年,对冲基金投资于与信用有关的资产的比例就已经达到了16%。同时,信用工具的出现也改变了银行的经营模式。在以前,商业银行通常是从储户手中吸收存款或者通过其他的融资渠道进行融资后,再发放贷款,并将发放的贷款持有至到期;而如今,随着信用工具和资产证券化的出现,商业银行可以移除这些贷款或者这些贷款所引致的信用风险,通过发行衍生产品或者在贷款的二级市场上将贷款进行出售。在2006年,美国信用衍生工具的市值总值为4.6万亿美元;而在当年,美国商业银行的资产总额也仅为9.6万亿美元。

虽然信用风险从银行向对冲基金的转移,能够使银行更好地对自己的信用风险进行管理,但是,这个转移仍然有隐患。第一,考虑到交易对手风险的出现,信用风险有可能并没有完全彻底地转移。例如,一家银行通过购买信用违约互换来对一笔贷款购买信用风险的保护,该家银行将不再对最初的贷款者承担信用风险,但是却对购买信用违约互换的对冲基金承担着交易对手风险。第二,由于银行对对冲基金提供融资后,如果证券化资产的损失导致了对冲基金的破产,则有可能发行的证券化资产又回到了银行的资产负债表内。第三,涉及对冲基金、银行和贷款人之间的关系,即当对冲基金想要与贷款人进行贷款重组的时候,对冲基金如何与银行进行沟通协调。在过去,由于该笔贷款作为银行的资产在银行的资产负债表中,银行有动力与贷款人保持联系,并对贷款人的经营状况和经营成果进行期后的跟踪;而当银行对这笔贷款进行证券化后,由于银行不再承担这笔贷款的信用风险,致使银行缺乏激励对贷款人的经营状况和经营成果进行后续的跟踪。由于信息的不对称,即贷款合同只存在于银行与贷款人之间,作为信用风险的新承担者——对冲基金,很难做到与银行一样,对贷款人的经营状况和经营成果有足够、及时、详细的了解。加之,信用衍生工具的迅速发展加剧了这一情况的出现。特别是,如果银行对于该笔贷款购买的信用保护的保护金额超过了该笔贷款名义上的本金金额,那么,如果该笔贷款违约,银行甚至能够从贷款违约中牟利。因而,从一定程度上而言,信用风险的转移增加了金融系统的不稳定性。

Chiesa(2008)通过研究最优信用风险转移(Optimal Credit Risk Transfer)在银行贷款中的作用以及银行选择最优风险转移的激励原因等,发现最优风险转移将扩大不同金融机构之间的关联度。在传统的银行体系中,银行依据现实世界的惯例,一般将资产负债表上的贷款持有到期满,而银行主要的风险管理工具即进行组合的分散化。而如今,银行在继续通过吸收存款来支持发放贷款的同时,更多地参与到贷款的再售出和信用风险转移中。在Chiesa(2008)设立的模型中,银行通过合理设计信用风险转移工具,使其准确地避免贷款的损失,提高了贷款监控的准确性。与以往研究不同的是,该研究发现,最优的信用风险转移工具依据的是整个贷款组合而不是单一的贷款,因而有了信用增强的保证,这种做法也是银行在对贷款信用风险转移工具进行选择时所采纳的通常做法。然而,在银行选择最优风险转移的情况下,不同金融机构之间的关联度也在增加,从而导致了系统性风险的增加。

次贷危机后,许多学者认为信用衍生品是导致次贷危机的一个重要因素。例如,Whalen(2008)认为,政府鼓励高风险抵押贷款增长、发行CDO和监管缺位导致了金融危机。

Acharya,Schnabl 和 Suarez(2010)研究了资产抵押商业票据通道(Asset-backed Commercial Paper Conduit,简称ABCP)在2007—2009年金融危机早期所扮演的重要角色。商业银行在建立通道、进行资产证券化的同时,运用信用风险转移对其新证券化的资产进行保险。信用风险转移能够减少银行资本金的要求,且作为表外业务,其并没有体现在资产负债表上,从而对外部投资者而言,通过查看银行的资产负债表,并不能有效发现状况。此外,他们的研究发现,对资产抵押商业票据通道具有更多敞口的银行,在金融危机早期的股票收益率更低。在金融危机爆发的第一年,资产抵押商业票据的利差增加,该现象对于较少使用信用风险转移和风险性更强的银行尤为明显。同时,资产抵押商业票据通道的损失绝大部分还是停留在了银行体系内部,而非外部投资者身上。这些结果均表明,银行使用这种资产证券化手段进行信用风险转移,是在积聚而不是分散银行体系内的金融风险,从而增加了金融系统的不稳定性。

证券化的初始目的是,将风险从银行体系内部向外部投资者转移,从而分散整个经济体的金融风险,并提高整个经济体尤其是金融系统的稳定性。然而,2007—2009年金融危机爆发期间,银行设计出的资产证券化方法使大量风险在银行资产负债表中积聚,导致了自大萧条以来最严重的银行危机。资产抵押商业票据通道中的通道,通常是指由大型银行设立的结构化的特殊目的实体。通道通常会持有中期到长期的资产,例如贷款,而通道的资金来源则是通过发行短期资产支持商业票据。与大多数银行类似的是,通道也面临着资产和负债的期限不匹配问题。在金融危机爆发以前,资产支持证券一直是商业银行融资的重要渠道之一。2004年1月,美国商业票据的发行量为6 500亿美元。到了2007年6月,金融危机爆发的前夕,美国商业票据的发行量达到了1.2万亿美元。随后,2007年8月9日,一家法国银行停止了从三家投资于贷款抵押证券的基金提款,并且推迟了净资产价值的计算。投资于资产抵押商业票据的投资者,尤其是货币市场基金,开始对资产抵押商业票据的抵押品愈发关心,并且停止了对已经到期的资产抵押商业票据的再融资。资产证券化商业票据市场的危机,对于商业银行具有很深远的负面影响,这主要是由于银行在资产支持票据中对外部投资者进行了保险。因为银行对于管道具有信用保证,从而要求银行无论其基础资产的价值变化如何,都必须要偿付到期的资产支持商业票据。这些保证明确了银行在法律上的义务,需要在市场缺乏流动性的情况下,重新买回已经到期的资产支持商业票据;同时,使得银行尽管在资产负债表上持有这些资产,却降低了银行对自身资本金的要求,确保了流动性的增强。对于绝大多数管道而言,信用保证能够覆盖对外部投资者而言几乎所有可能的损失;对于一小部分管道而言,信用保证要相对弱些,只要求银行对于一部分损失进行覆盖。Acharya,Schnabl 和 Suarez(2010)的研究结果表明,信用保证作为增强流动性手段的同时,避免了银行监管的要求,使得银行与进行表内融资一样暴露了相同的风险。而事实上,除银行以外的其他金融机构,若采用资产支持商业票据管道进行融资,一般很少会采用信用保证这种结构。此外,对于没有监管套利的国家,如西班牙、葡萄牙的银行,也不会采用信用保证。结果表明,对银行而言,真实的杠杆率比资产负债表上的杠杆率更为重要。但是信用保证的存在,使得银行没有分散风险,相反在积聚风险,从而增加了金融系统的不稳定性,成为金融危机爆发的一大推动因素。

Davies(2011)关注了主权信用风险对金融系统稳定性的影响,金融危机和经济衰退以及政策制定者们对金融危机和经济衰退的反应,引发了人们对这些发达经济体主权信用危机的思考。主权信用危机使银行进行融资的成本上升的同时,也增加了银行进行融资的不稳定性。这意味着,关于政府债务的问题对于金融系统性风险而言愈发重要。银行通过提高自身的融资管理能力、资产管理能力、延长政府债券的到期期限以及加强对银行系统的监管,都能够增加金融系统的稳定性。这个过程中,不同政策制定者之间也要加强沟通和协调,从而保证正确了解相互之间的政策目标和执行方案,确保政策之间的连贯性和持续性。金融危机、全球经济衰退以及政策制定者对金融危机、全球经济衰退的对策,对于全球经济和金融市场的影响是长远的。经济增长期望的降低,以及在几个发达经济体中迅速增长的政府债务问题,让人们对主权信用以及流动性风险越发关注。此外,短期利率的降低,以及对于货币政策中公开市场操作的使用,同样增加了中央银行和主权债务管理(Sovereign Debt Management,简称 SDM)之间的联系。

当前经济金融政策的讨论点主要集中在:主权债务风险怎样影响银行的融资环境;主权债务管理的选择,尤其是债务到期日的选择,怎样影响货币和金融环境;金融危机是怎样传播的。金融危机和全球经济的衰退,给几个发达经济体的公共金融带来很大的压力。财政赤字的扩大,反映了自动稳定机制的作用以及官方对于金融系统的支持。从 2007 年年底到 2010 年年底,经济合作与发展组织(Organization for Economic Cooperation and Development,简称 OECD)国家的平均财政赤字占 GDP 的比重由 1% 上升到 8%,政府债务总额也由 2007 年年底的 73% 上升到 2010 年年底的 97%。从 2009 年年末开始,上升的主权信用风险增加了银行的融资成本,从某种程度上说,也降低了他们对市场的接触。此外,银行受到影响的程度与主权国家信用的恶化程度有关。希腊、爱尔兰和葡萄牙国家的银行就见证了,信用违约互换费率的疯狂上升,以及短期债券发行量的迅速降低,最终导致了它们存款的萎缩,从而越来越依赖中央银行的流动性。不仅如此,这些国家银行融资成本的增高对欧洲其他国家的银行还具有溢出效应,诱发其他国家银行融资成本同样增高。主权信用风险的提高,使得银行投资的政府债券出现损失,特别是银行通常对政府债券持有很大的头寸,从而弱化了其资产负债表。加之,主权债券市场价格的下降使得银行的担保价值下降,导致其交易对手面临需要增加贷款担保的风险。在回购市场中,由于政府债券占据了担保的绝大部分,市场参与者对于政府债券的风险变化往往非常敏感。

  Nijskens 和 Wagner(2011)认为信用风险转移与系统性风险的关系是,尽管单个银行通过信用风险转移使得风险下降,而整个金融体系却暴露在更多的风险之中。银行通过各种方式在金融系统里转移信用风险,是 2007—2009 年金融危机爆发的一大原因。具体地,他们选取了两组样本银行,对系统性风险进行了研究,一组银行进行了信用违约互换(CDS)的交易,另一组银行进行了担保债务凭证(CDO)的交易,研究时点选择在金融危机爆发前。通过对这两组样本银行进行研究,他们发现无论采取哪种风险转移的方式,这两组样本银行的股票价格的 β 系数都显著增高。研究结果表明,早在金融危机爆发前,市场就预测到由于信用风险转移工具的出现,市场风险变大这一情况。随后,他们又将 β 系数的影响分为与市场有关的部分和波动两个部分。β 系数的变动分类结果表明,β 系数的显著增加完全是由银行之间的关联程度提高导致。由此,他们得出结论:通过信用风险转移工具,单个银行虽然降低了自身的风险,但是却增加了更多的系统性风险。对于金融监管机构而言,此研究结果是一个全新的挑战。以前,金融监管机构的监管策略通常是针对每一个金融机构进行单独监管,并没有考虑到各金融机构之间的相互关联程度对金融系统稳定性的影响。因此,该研究给金融监管当局拓宽了思路,不仅要考虑到单一金融机构这一监管层面,还需要考虑到不同金融机构之间相互联合这一监管层面。

二、认为信用风险转移增强金融稳定性的研究

  Wagner 和 Marsh(2006)提出,在一定条件下,信用衍生品市场既有利于提高

金融系统效率,也会增强金融系统的稳定性。通过对银行以及其他金融机构进行信用风险转移的研究,他们发现,银行以及其他金融机构进行风险转移的激励与提高金融稳定性的监管要求是一致的,这也解释了为何信用衍生品如此受追捧并且发展迅猛。同时,信用风险转移市场的迅速发展,也受到了金融监管当局的重视,许多监管机构都陆续推出了关于信用衍生品的监管报告。这些报告的基调基本一致,一方面,监管当局强调了信用风险转移的好处,即信用风险转移能够获得分散风险的收益;另一方面,信用风险转移也有可能会引发金融系统的不稳定,例如,购买信用风险的金融机构稳定性会降低,因为风险分散化会鼓励金融机构去承担更多的风险。但是,监管当局的这些报告大多基于一些不太正式的结论,即缺乏一定的理论支持,Wagner 和 Marsh(2006)试图从理论上对该问题进行阐述。他们就信用风险转移市场的发展对金融系统稳定性的影响设计了一个研究框架,同时对监管当局在信用风险转移市场应当扮演的角色进行了思考。他们发现,相比于信用风险只在银行体系内部转移,信用风险从银行系统向非银行系统的转移更为有益。如果信用风险能够从银行系统向非银行系统转移,则这种转移可使总风险从银行体系中流出;如果信用风险只在银行体系内部转移,则信用风险依然停留于该体系中。所以对监管机构而言,为使信用风险转移的作用最大化,最优化监管策略是鼓励不同体系之间的信用风险转移以及信用风险工具的发展,以提升金融系统的稳定性。在金融体系中,一个公司既可以接触到银行这种间接融资方式,也可以接触到直接融资方式。由于企业的道德风险所导致的信息不对称,两种融资方式之间有一个权衡取舍的问题,以银行为代表的间接融资方式能够减轻这个问题。但是,银行通常会要求对于其承担信用风险进行补偿,因而间接融资的成本更高。金融系统的稳定性是由银行系统和其他金融机构所持有资产组合的风险来决定的,因而受金融中介发展程度和整个企业融资的总额决定。随后,Wagner 和 Marsh(2006)区分了银行及非银行

中国信用衍生工具研究

金融机构持有风险资产的两种成本,一种是持有风险资产对自身造成的机构成本;另一种是因持有风险资产而对金融稳定性造成的社会成本。如果银行持有风险资产对自身造成的机构成本和非银行金融机构持有风险资产对自身造成的机构成本大体相当,则风险资产在银行和非银行金融机构之间的数量配置也应该是大体相当的。但是,如果银行持有风险资产对金融体系造成的社会成本远远高于非银行金融机构持有风险资产对金融体系造成的社会成本,则从稳定金融体系的角度出发,风险资产应该更多地配置于非银行金融机构。基于该理论视角出发的研究,自然会得到从银行体系向非银行金融机构进行的风险转移有利于金融稳定性的结论。

Chan-Lau和Ong(2006)对英国主要信用衍生品交易机构的量化分析表明,信用衍生品使风险暴露充分分散,降低了外部冲击对金融市场的影响。然而,信用风险转移工具市场的迅速发展,有可能会在信用市场出现巨大波动的时候,给金融系统的稳定性带来影响。他们对英国主要的金融机构就信用衍生工具的风险暴露进行了基于VAR模型(Vector Autoregression)的定量分析,发现信用衍生工具的使用并不会对英国金融体系的稳定性造成威胁。由于市场上任何冲击的作用都是有限的,金融机构之间的风险暴露已经被充分地分散。此外,保险公司的风险敞口主要集中在相对比较安全的分层中。从他们的研究中还可以看出,由于信用风险转移技术的不断发展,对信用风险进行重新的打包和分层,促使了信用风险从银行体系向非银行体系(如对冲基金、共同基金和保险基金等)的转移。银行作为信用风险转移市场中的最大参与者,积极地利用信用风险转移工具分散或对冲风险。不仅如此,银行还为创造新的信用风险转移工具和为现有的信用风险转移工具提供咨询服务。单个银行既可以利用信用风险转移工具进行风险管理,也可以参与到信用风险转移工具的中介服务中。在欧洲,保险公司是仅次于银行的信用风险转移工具的第二大参与方,以进行资产负债表的匹配

第五章 关于信用衍生工具发展对金融稳定性影响的理论探讨

和满足监管的需要。在英国,有报告表明,人寿保险在主动地寻求承担信用风险,以提高资产的收益率。但是,当信用事件发生并造成他们的损失时,这些信用风险的买方反过来只能寻求于信用风险的卖方即银行,以帮助其履行信用风险转移工具的履约要求。此外,不同机构之间信用风险的转移通常会带来其他的风险,信用风险转移工具的基础资产的价值变动会引发市场风险。信用风险的卖方,通常还须承担流动性风险,在一个流动性缺乏的二级市场,很难迅速将资产进行出售。所以,与银行相比,人寿保险公司和对冲基金能够享受到流动性溢价。此外,交易对手风险的存在,说明信用风险的买方也有可能出现违约。

根据 Chan-Lau 和 Ong(2006)的研究,信用风险转移市场并没有给英国金融系统的稳定性带来威胁这一结论基于多种因素的共同作用。首先,在英国的信用风险转移工具市场中,有足够多的分散的金融机构参与其中,从而减少了市场中负面冲击出现时的不利影响。其次,保险公司作为信用风险的大买方之一,倾向于购买相对比较安全的信用风险。他们认为,市场中所涉及信用事件的一个重要威胁就是声誉风险,该风险甚至会导致公众信心的丧失和金融机构之间的连锁反应。

美联储前任主席格林斯潘在芝加哥联邦储备银行第41届年会上的报告《风险转移与金融稳定性》中指出,信用风险衍生工具使得银行可以更加有效地管理风险,能够在满足大客户贷款需要的同时减少自身风险,因此对金融稳定性而言是至关重要的。格林斯潘认为,信用衍生工具的迅速增长正是其所能提供的令人满意的收益的最好证据。根据国际清算银行的统计,2004年6月全球场外交易的衍生品市场达到220万亿美元,场外交易市场与交易所市场形成了一个良好的竞争。信用衍生产品的益处,并不仅仅局限于信用衍生品的使用者。使用信用衍生工具和一系列与其相关的复杂技术手段能够更好地帮助衡量和管理风险,尤其对于大型金融机构来讲效果更为明显,2001—2002年的信贷周期情况已经体现了这一点。信用衍生工具能够实现金融风险的拆分,风险拆分以后,单个金融工具可以对其共同的潜在的风险进行分析,进而实现了风险的组合管理。特别是,巴塞尔协议对于资本金提出了越来越严格的要求,先进的风险管理方法和衍生工具也为银行和其他金融机构提供了更为有效的风险管理手段。可以肯定的是,信用衍生工具不论是对单个的金融机构还是对整个金融体系和整个经济而言,都有益处。但是,如果相关的风险没有得到有效的管理,信用衍生工具对单个金融机构、整个金融体系和整个经济的益处就会降低,甚至会导致金融系统的不稳定性。值得一提的是,要特别注意交易对手的信用风险管理。信用风险的有效转移,只能是在交易对手双方都能够履行合同义务的情况下才可实现。

随着信用衍生品市场的发展,信用衍生品市场的交易商从承担信用衍生品中介的职能逐渐转化为信用风险的最终承担者,对冲基金等其他非银行金融机构的广泛参与,也使之成为了信用风险的最终承担者。对于非银行类金融机构参与信用衍生品市场的评估,关键在于评估其是否有与之相适应的信用风险管理能力。此外,信用衍生品能够让银行,特别是大型的对市场有重要影响的银行,更好地管理信用风险。大型银行可以采用单一的信用违约互换,来减少它们在贷款中的风险暴露,并同时满足大型贷款客户的要求。事实上,虽然信用风险从银行体系转移到具有高杠杆率的金融实体中,但最终还是会通过私人资产管理公司转移到机构投资者中。机构投资者与银行相比,具有更低的杠杆率和更高的稳定性。

英格兰银行(2001)在《金融稳定性回顾》中也认为,信用风险转移使得银行持有更加分散化的信贷组合,银行将会对单一行业的风险冲击具有更强的抵御能力。同时,银行也将更愿意向客户提供贷款,降低信贷崩溃发生的可能性。国际保险监督官协会(2003)根据他们对英国、德国、法国、加拿大、澳大利亚、日本和韩国等国家的35家金融机构风险转移调研的结果,发布了研究报告。该报告认为,正如再保险公司为保险行业提供了稳定机制一样,金融体系内部的风险转移对银行体系提供了类似的稳定机制。金融体系内部的风险转移,除了为银行和保险公司等非银行金融机构提供更大范围内的风险分散以外,还有助于信用风险的定价,从而有利于提高信用风险交易的透明度和流动性。为了实现更大程度的风险分散,该报告认为风险转移市场参与主体不应仅限制在巨型保险集团或者大型银行,而应该让更多的中小型保险公司也参与其中。

三、认为信用风险转移对金融稳定性具有双重影响的研究

Santomero 和 Trester(1998)从信息不对称的角度,对银行体系向非银行金融机构转移信用风险进行了研究。与金融市场上其他金融机构相比,银行体系由于对企业拥有更多的信息,从而能够在很大程度上解决企业融资中的信息不对称问题,故银行体系在企业的外源融资中处于优势地位。在20世纪80年代以前的金融市场中,由于银行向非银行金融机构传递信息的成本很高,造成银行难以向非银行金融机构转移风险。他们研究的贡献在于,将20世纪90年代后金融市场信息传递成本的降低引入文献中。随着信息传递成本的降低,银行和非银行金融机构之间的信息不对称程度大大减轻,非银行金融机构大量持有贷款资产的证券化产品,使得银行风险较为顺畅地转移到非银行金融机构中。如果进行静态分析,信息不对称程度的降低使得银行易于进行贷款资产的证券化或者信用风险衍生工具的交易,更多的银行风险转移到非银行金融机构,从而大大

提升了银行资产的流动性。当银行体系面临如存款人挤提存款等风险冲击时，银行便可通过流动性较高的银行贷款证券化产品市场出售银行贷款，或者通过信用风险衍生工具转移相关风险，这些均有助于银行体系的稳健运行，有助于金融稳定性。但是，如果进行动态分析，银行由于拥有高流动性的银行贷款证券化产品，或者能够通过信用风险衍生工具转移风险，有可能促使银行发放数量更多、风险程度更高的贷款。若银行持有的贷款组合总体风险提高，导致其盈利能力下降的话，这将有损于银行体系的稳健运行，降低金融稳定性。因此，信息不对称程度的降低及由此驱动的金融体系内部的风险转移对金融稳定性的影响具有双重效应。

Instefjord（2005）从银行为管理财务困境而进行风险转移出发，构建了银行进行风险转移的模型，也得到相似结论，即认为风险转移一方面为银行体系提供了风险对冲的工具，另一方面也使银行愿意承担更多的风险，因而对金融稳定性的影响具有双重效应。该研究的独特贡献在于，总结出风险转移对金融稳定性影响程度的决定因素，认为其影响程度取决于信用风险衍生工具市场的价格弹性。如果信用风险衍生工具市场的价格弹性过高，则信用风险衍生工具市场的创新将会导致银行在这一市场的过度参与，从而使信用衍生工具的交易量易于出现大幅波动，不利于金融稳定性；反之，如果信用风险衍生工具市场的价格弹性较低，则信用风险衍生工具市场的交易较为稳定，将有利于金融稳定性。

国际清算银行（2005）发布的《信贷风险转移》报告，较为系统地研究了金融体系内部风险转移的技术细节。报告考察了信用风险衍生工具是否真正实现了金融体系内部的风险转移，这关键取决于交易对手能否真正承担风险，也就是说，当风险事件发生时，交易对手必须有能力履行合同。多数信用风险衍生工具的交易要求交易对手在交易之初提供资金，以完全规避交易对手的风险。即使对于没有要求事先提供资金的信用风险衍生工具交易，市场也通常要求提供足够的抵押品,并且实行盯市制度。信用衍生品的创新,信用风险转移市场参与者的增加,信用风险转移交易量的增加,以及信用风险转移中介利润的增加,都体现出信用风险转移市场的发展。关于信用衍生产品是否提供了一个相对完全的风险转移,有几点需要考虑:(1)首先是交易对手风险,即信用衍生产品的交易对手能否履行自己的合约责任。一般来说,信用转移的交易是否通过发行证券得到足够的融资,是消除交易对手风险的关键。对于没有足够融资的交易,担保的转移也能够有效避免交易对手风险。(2)交易是否在法律上具有不确定性。越来越多的市场参与者倾向于使用 ISDA 提供的交易文本。规范化交易文本的使用,能够尽可能地减少法律上的不确定性,从而有效缓解交易对手风险。(3)有些交易并没有真正将信用风险的绝大部分进行转移,例如一些结构化的交易只会转移极端情况下出现的巨大信用风险。其他情况下出现的信用风险,则没有得到转移。市场参与者对于信用风险转移市场的益处不容置疑,他们认为信用风险转移市场转移了信用风险,减少了风险的聚集,并提供了长期的信用风险管理手段。但同时,市场参与者也应该获取足够的手段来减少交易对手风险的增加。此外,信用风险转移市场增加了该市场与其他市场之间的联系,例如与债券市场和股票市场之间的联系,这意味着一个市场的事件可能会对信用风险转移市场有溢出效应。

Allen 和 Carletti(2006)运用了一个与银行业和保险业有关的模型,研究了信用风险转移与金融系统稳定性之间的关系。通过这个模型,他们发现,当银行业面对的是统一的流动性风险,信用风险转移是有利的;而当银行面对的是个别的流动性风险,并且在银行体系内对冲这个风险时,信用风险的转移对福利是有害的。这种情况下的信用风险转移,会导致两个领域之间的风险传染,从而增加金融系统总体的风险。

人们通常认为,创造新的金融产品以及开拓新的市场这种金融创新是有利的,它不仅增加了分散投资的机会,还有可能促进流动性的提高。而 Allen 和 Carletti(2006)关注的是信用风险领域的金融创新。尽管信用风险转移已经存在许久,但关于信用风险转移的创新,以信用衍生品的发展为代表,则是比较近期才发生的。虽然信用风险转移领域的创新,在某些情形下能够增加投资的分散化,但是由于在不同领域之间增加了联系和传染性,会最终导致整体福利水平的下降。

首先,他们假设所有银行面临的是其储户相同的流动性需求。银行业和保险业均为独立经营,银行和保险公司持有不同类型的资产,而只有保险公司暴露于系统性风险中。如果长期无风险资产的收益率比风险贷款的收益率更低,则银行会投资短期资产去偿还早期储户的提款要求,并且投资在有风险的贷款上。保险公司会提供部分保险,并将收取的保费投资在短期资产中,当被保险人面临巨额损失的时候,保险公司可能会破产。当银行面对的是来自储户的统一的流动性需求时,在银行体系和保险体系之间的信用风险转移是有利的。这主要是由于,在银行体系和保险体系之间的信用风险分担与转移,不存在体系之间的传染,这两个体系仍然持有不同的资产。这种情形下,银行会投资于短期资产和风险贷款,而保险公司则通过持有长期资产以确保它们进行风险转移的能力。保险公司能够接收的长期资产的价格通常很低,确保它们有足够的激励为市场提供流动性。当被保险人面临严重损失时,可能会使保险公司被迫清算,抛售长期资产,而导致长期资产市场的价格下跌。但是,值得指出的是,长期资产的低价并不会影响到银行体系,因为银行体系并不会购买长期资产,信用风险的转移是有效的,其唯一的影响是让风险在银行体系和保险体系间进行了分散。

而当银行面临的是来自储户的不同的流动性需求时,一些银行可能有大量的客户在期中提取存款,而一些银行可能有大量的储户在期末提取存款。这种情况下,银行能够通过购买无风险的长期资产,并在一个流动性的市场上交易以对冲这个风险。当银行面临储户的存款提取要求时,银行可以通过出售长期资产来满足。在上一种情况下,只有保险公司面临系统性风险;而现在,保险公司与银行均面临系统性风险。与以前一致,保险公司将收取的保费投资于短期资产,当被保险人面临巨额损失的时候,会导致保险公司的破产。由于银行可以通过长期资产市场对冲不统一的流动性风险,因而银行不会面临同样的危机。但是,由于银行长期资产的持有以及银行体系和保险体系之间的传染,信用风险转移是有害的,甚至影响整个金融系统的流动性。与上一种情况相似,保险公司依旧通过长期资产而使信用风险转移更加有效率,当保险公司面临冲击,且损失很高时,他们会被迫清算其长期资产,这种清算会导致长期资产市场的价格下降。而此时,长期资产价格的下降会直接影响至银行体系,因为银行体系利用长期资产来对冲其不统一的流动性风险,从而导致系统性风险从保险体系向银行体系的转移。

Hakenes 和 Schnabel(2010)建立了一个在不完全竞争情形下的银行模型。在这个模型中,当银行能够进行信用风险转移的时候,借款人进行信贷的情形也能够得到改善。但是,只有当贷款质量的信息是公开信息的时候,信用风险转移市场才是有效的,使得福利增加。如果贷款质量的信息是非公开信息,银行间竞争的增加会导致银行的贷款向非盈利企业扩张,从而导致总风险的增加,进而减少信用风险转移增加的福利。

在次贷危机爆发之前,许多国家的金融机构都见证了信用风险转移工具使用的爆炸式增长。当时,信用风险转移工具被普遍认为是一个很好的信用风险分散和再分配工具,且能够使更多的企业和家庭接触到信用市场。但是,次贷危机的爆发使人们对于信用风险转移的益处开始怀疑。最近的研究也表明,信用风险转移有可能会导致贷款质量的恶化,从而对金融系统的稳定性产生影响。Hakenes 和 Schnabel(2010)的模型即讨论了银行在贷款管理中的道德风险问题,并研究道德风险问题是怎样受到银行系统竞争水平的影响。在一个不完全竞争的银行系统中，银行接受具有风险性和盈利性的贷款，会受到银行有限的风险承担能力的限制。在银行体系高度竞争的情况下，这种限制尤其明显。如果银行将风险转移给投资者，则能够缓解银行受到的这种限制。但是，信用风险转移市场功能的发挥，取决于银行贷款信息的类型。如果银行贷款的发放是根据市场上公开可得的信息，那么信用风险转移可以顺利进行。由于贷款质量信息公开，贷款的发放银行不存在道德风险问题。在公开信息下，银行没有动力去发放不盈利的贷款，更没有人会愿意为这种贷款提供信用风险保险。这种情况下，信用风险转移提升了整个社会的福利。然而，如果贷款的发放依据非公开信息进行，则信用风险转移将会受到信息不对称的损害。信用风险的保险人无法观察到贷款的质量，银行有动力去发放不盈利的贷款，并且将这些贷款的风险向保险人进行转移。由于逆向选择的存在，信用风险的保险人通常会要求一个"柠檬担保"（Lemons Premium）。追加"柠檬担保"后，信用风险转移依旧能够提高风险性和盈利性的贷款金额，同时风险性和非盈利性的贷款金额也会被提高。因此，整个经济体的总风险还是会增加。

在 Hakenes 和 Schnabel（2010）的模型中，即便贷款质量信息非公开，信用风险转移也可以具有正面效应，这取决于银行体系内的竞争程度。他们的结论表明，银行体系内的竞争能够增强信用风险转移的正面效应，即银行体系内的竞争越激烈，其信用风险转移的正面效应越好。然而，在贷款质量信息是非公开的情况下，若盈利性的贷款在市场中已经饱和，银行体系内竞争的增加则会减少社会的整体福利，并且提高风险性、非盈利性的贷款金额，进而完全抵消信用风险转移所增加的社会福利，这一结论与次贷危机时期的情况是相符的。在次贷危机爆发前夕，绝大多数新增的贷款已经是低质量的贷款，加之同时期银行间竞争的不断加剧，造成社会整体福利减少。由此可见，信用风险转移是增强金融系统的稳定性还是降低金融系统的稳定性,主要取决于银行发放贷款所依据的信息来源。若银行发放贷款依据的是公开信息,则信用风险转移提高了金融系统的稳定性;若银行发放贷款依据的是非公开信息,由于逆向选择的存在,信用风险转移降低了金融系统的稳定性。

四、小　　结

上述三种主流观点均从某一视角,探讨了信用风险转移影响金融稳定性的机制,通过对这些已有研究的梳理,可以得出以下几点认识:

首先,就信用衍生工具的风险转移功能对金融稳定性的影响,需要辩证地看待。不仅要全面认识信用风险转移对金融稳定性的双重影响,更要认识到在不同的经济体中,在信用衍生工具发展的不同阶段,信用衍生工具对金融稳定的影响效应截然不同。在一定程度内,信用衍生工具的发展对提高金融效率、促进金融稳定的效应可能更加突出;而超出了一定程度,信用衍生工具对风险放大的效应则可能更为显著。

其次,要结合新兴市场的金融实践进行研究。对于信用风险转移对金融稳定的影响机制,需要结合不同经济体的不同金融体系开展研究。金融市场主导和银行主导的金融体系存在显著的结构性差异,虽然在全球范围内都可观察到信用风险转移,但是信用风险转移对金融稳定性的影响会因为金融体系的差异而存在差异。在新兴市场中,由于金融市场的透明度较低,少数银行占据较大市场份额,信用风险转移对金融稳定性的影响会更加复杂,同时对于新兴市场国家的金融稳定也更加重要。

需要着重强调的是,要将推动信用衍生工具发展与构建宏观审慎政策框架结合起来研究,这也是下一章将要研究的重点。基于以上研究,通过信用衍生工具进行的风险转移,对金融稳定可能存在双重影响;而实施宏观审慎政策的主要目的,即提升金融系统的稳定性,防范系统性风险。因此关键在于,在推动信用衍生工具发展的过程中,如何去构建一种趋利避害的机制,在充分发挥信用衍生工具缓释信用风险、加强逆周期调节作用的同时,限制其对金融稳定性可能产生的负面效应。

第六章 信用风险缓释工具与宏观审慎政策

将推动信用衍生工具市场发展与构建宏观审慎政策框架结合起来研究,是十分必要的。通过对前一章相关文献的归纳、梳理与分析,可以得到信用风险转移对金融稳定可能存在双重影响的结论;而实施宏观审慎政策的主要目的,则是提升金融系统的稳定性,防范系统性的或系统范围的金融风险。因此,本章将重点研究信用衍生工具发展与宏观审慎政策框架之间的关系,只有在厘清二者关系的基础之上,才能更好地做出判断,从而构建一种趋利避害的机制,在推动信用衍生工具市场发展的过程之中,在充分发挥信用衍生工具缓释信用风险、加强逆周期调节作用的同时,限制其对金融稳定可能产生的负面效应。

本章将从介绍宏观审慎政策的概念和所涉及的具体工具出发,回顾宏观审慎政策的发展阶段;主要从信用风险缓释工具的角度,谈信用衍生工具对宏观审慎政策的积极作用和负面影响,并在最后进行小结。

一、宏观审慎政策

(一)宏观审慎政策的定义

宏观审慎政策的发展,与金融监管的演进和发展密切相关。最早的与"宏观审慎"有关的概念,可以追溯到20世纪70年代末库克委员会(Cooke Committee)的有关会议纪要中。早期的宏观审慎政策主要关注发展中国家的贷款的快速增长所带来的金融风险,强调金融监管要从整个宏观的角度进行考虑。此后,宏观审慎政策通常表示的是与整个宏观经济相联系的政策导向、政策调控和监管导向。宏观审慎政策的关注焦点也在不断发展变化,从最初的关注发展中国家的贷款的快速增长转变到金融创新与资本市场,再转变到金融系统顺周期性的问题以及系统重要性结构影响等。2007—2009年全球金融危机后,宏观审慎政策进一步发展和扩大。人们对与宏观审慎有关的思考,还扩展到了对系统性风险的识别与应对、金融稳定与宏观经济之间的相互关系等其他问题。

具体来说,根据国际清算银行(BIS)的定义,宏观审慎政策是指使用潜在工具来达到金融系统稳定性目的而制定的所有政策。从该定义中可以看出,宏观审慎政策的最终目标是使金融系统保持稳定。由于金融系统稳定是一个大而宏观的概念,宏观审慎政策的目标需要划分为多个层次,具体地,可以划分为最终目标、直接目标以及操作目标。最终目标即保持金融系统的稳定,减少金融的不稳定而造成的宏观经济成本。直接目标主要是指防范和应对系统风险,将金融系统视为一个有机的整体,防范和管理跨行业和跨经济周期中金融系统的系统性风险。操作目标主要是从时间维度和截面维度进行讨论,从时间维度上说,宏观审慎政策应该关注整个金融体系的变动,将整个金融系统视为一个整体,关注整个金融系统的周期性和整体的运行状况;从截面维度上说,宏观审慎政策关注在某个特定的时点上,不同金融机构之间的关联变化和风险承担情况,且更多关注于在特定时点上的单个金融机构或金融机构联合起来对于金融稳定性的影响。

宏观审慎政策的管理部门,也是宏观审慎政策的一个重要组成部分。理论和实践的结果均表明,明确宏观审慎政策部门的制度性安排对于有效防范系统性风险具有重要意义。在金融危机爆发后,各国政府和监管机构均对系统性风险有了一个重要的认识,并对本国金融监管体制进行了重大的改革。经过改革后,有的国家强化了中央银行的宏观审慎管理职能,有的国家成立了专门针对宏观审慎政策的委员会。由此可见,目前宏观审慎政策的管理部门模式可分为两种,一种是中央银行模式,另一种是委员会模式。中央银行模式的宏观审慎政策管理部门将使得中央银行兼具两种职能,即宏观审慎管理和微观审慎管理。中央银行模式以英国、日本、韩国、新加坡、马来西亚、泰国和捷克等为代表;委员会模式的宏观审慎政策管理部门成立了专门针对宏观审慎政策的委员会,以美国、欧盟、墨西哥为代表。例如,2010年7月美国颁布了《多德—弗兰克华尔街改革和消费者保护法案》。根据这个法案,美国成立了金融稳定监管委员会(Financial Stability Oversight Council,简称FSOC)。FSOC具备了进行宏观审慎管理的职能,其有权获取美国任何金融机构的信息,有权协调不同监管机构的职责争议,同时扮演了在各个金融监管机构之间进行沟通交流协调的角色。此外,欧盟也成立了欧洲系统性风险委员会(European Systematic Risk Board,简称ESRB),负责对整个欧盟体系进行宏观审慎管理,包括完善预警机制、识别和对系统性风险进行分级管理,以及向相关机构提出警告或建议等。

宏观审慎政策的工具有很多种,根据宏观审慎政策工具的功能不同,宏观审慎政策工具可以分为增加银行资本金和拨备的逆周期工具、针对特定部门的逆周期工具、管理流动性的工具、跨部门的工具以及其他宏观审慎政策工具等。具体见表6.1。

表 6.1 宏观审慎政策工具

分类	宏观审慎政策工具	目标
增加银行资本金和拨备的逆周期工具	(1) 逆周期资本缓冲； (2) 动态拨备和准备金； (3) 逆周期风险权重和杠杆率。	在经济景气时期能够提高银行的抗风险能力,从而使银行有充裕的资产负债表空间而避免在危机实际出现时可能的信贷紧缩。此外,还能防止过度杠杆化和发放贷款。
针对特定部门的逆周期工具	针对房地产市场的工具：(1) 贷款价值比（Loan to Value, 简称LTV),即抵押金额和抵押品价值的比例； (2) 贷款收入比（Debt to Income, 简称DTI),即负债与收入之比； (3) 印花税； (4) 持有时间限制； (5) 提高最低现金支付比例。	提高房地产市场的稳定性,避免房地产市场的波动对于整个宏观经济造成的负面影响
	针对金融系统的内部活动工具：(1) 保证金要求； (2) 价值减记。	能够减少市场的顺周期性,提高基金市场和相关金融机构的抗风险能力
管理流动性的工具	(1) 动态准备金要求； (2) 贷存比； (3) 动态流动性要求和跨境负债管理。	增强银行防御流动性冲击的能力,间接降低因流动性过多而引起的信贷周期波动
跨部门的工具	(1) 系统重要性金融机构的额外资本要求； (2) 大额风险暴露限制； (3) 使用中央交易对手方。	防止跨部门维度的系统性风险,限制金融机构从事高风险金融业务,避免其规模过于庞大,防止风险的过度集中
其他宏观审慎政策工具	(1) 宏观压力测试； (2) 行政许可。	促使银行在系统性压力上升时增加资本,同时要求系统重要性金融机构在进行重要战略决策时,须获得宏观审慎部门的批准

（二）宏观审慎政策的发展阶段

根据蒋润祥和魏长江(2012)的研究,宏观审慎政策的发展可以大致分为三个阶段,分别是:1979 年 6 月至 2000 年 9 月宏观审慎的概念提出阶段;2000 年 9 月至 2010 年 7 月宏观审慎政策的理论探讨阶段;2010 年 7 月至今宏观审慎政策的具体实施应用阶段。以下,将就各阶段进行简要概述。

1. 宏观审慎政策的概念提出阶段(1979 年 6 月至 2000 年 9 月)

如前文所述,宏观审慎概念的首次提出是在 1979 年库克委员会的有关会议纪要中,以及英格兰银行提出的宏观审慎性(Macroprudential)概念。最初提出宏观审慎性,主要是针对与宏观经济相关的系统性的监督,其关注对象是发展中国家的贷款的快速增长所带来的对宏观经济的影响。

2. 宏观审慎政策的理论探讨阶段(2000 年 9 月至 2010 年 7 月)

在这一阶段,人们对于宏观审慎政策逐渐开始了解和熟悉,关注重点也在不断发展和丰富,从最初的关注发展中国家的贷款的快速增长转变到金融创新与资本市场,再转变到金融系统顺周期性的问题以及系统重要性结构影响等。2007—2009 年金融危机的爆发,以 2008 年 9 月雷曼兄弟公司的倒闭为标志,使得宏观审慎性受到了越来越多的国际组织、各国政府、各研究部门和政策制定者的广泛关注。这一时期,有关宏观审慎政策的研究很多,金融危机的爆发使人们开始重视和重新思考系统性风险的问题。政策制定者一致认为,单个金融机构的稳定性并不能确保整个金融系统的稳定性。现在,金融机构之间的关联度和传染性越来越高,必须要采用宏观审慎工具来确保整个金融系统的稳定性。然而,研究人员和政策制定者们对于宏观审慎政策的目标并没有得到一个一致的观点,对于宏观审慎政策的工具选择和使用也众说纷纭。

3. 宏观审慎政策的具体实施运用阶段(2010年7月至今)

经过上述宏观审慎政策的理论探讨阶段,尽管对宏观审慎政策的目标和工具的使用没有形成统一结论,但在理论层面上,有关宏观审慎政策的研究已经比较深入。基于上述的研究成果和政策共识,为了避免金融危机的重演,各国政策制定者和金融监管当局,开始对宏观审慎政策进行了实践上的探索和运用,并对金融系统进行了一系列的改革。2010年11月,G20首尔峰会形成了宏观审慎管理的基础性框架,要求G20成员国进行落实和执行。该框架主要包括了监管和宏观政策两个方面的内容。此后,金融稳定理事会(Financial Stability Board,简称FSB)、巴塞尔银行监管委员会、全球金融体系委员会(Committee on the Global Financial System,简称CGFS)等都对宏观审慎政策的实施和加强提出了具体的政策措施,标志着宏观审慎政策开始进入具体的运用实施阶段。

二、信用风险缓释工具对宏观审慎政策的积极作用

宏观审慎政策框架是一个新概念,但其中很多内容我们并不陌生,如系统性风险监测、平衡金融机构风险集中度和提高金融机构的抗风险能力等都是构建宏观审慎政策框架的核心内容,信用违约互换(CDS)、信用风险缓释合约(CRMA)和信用风险缓释凭证(CRMW)等信用风险缓释工具均可在其中发挥重要作用。

（一）信用风险缓释工具在系统性风险监测中的作用

各国和国际组织在识别和度量系统性风险方面，做了大量工作。其中，多数方法非常复杂，但 IMF 的经济学家开发了一类简约的系统性风险监测方法[①]。该方法不去分析金融机构的风险敞口、金融机构之间的股权或债权联系，也不去探讨系统性风险的产生和传导机制，而直接基于 CDS 等信用衍生工具的市场数据，推导出市场对于金融机构破产和相互关联程度的看法，进而评估系统性风险。

之所以能作为系统性风险监测的重要工具，是因为 CDS 有如下几个特点：第一，CDS 是信用风险的保险，CDS 利差是保护权买方向卖方支付的年费，用标的资产面额的百分比表示；第二，CDS 市场有效汇聚了与债务人相关的公开和非公开的信息，市场对于债务人信用风险或违约信息的平均看法可集中体现在 CDS 利差中；第三，CDS 的交易动态连续，市场数据易于获得，便于监测。因此，CDS 可以有效、及时、便捷地揭示金融机构的信用风险，通过 CDS 市场数据就可以推导出金融机构之间 CDS 利差的关系，进而了解到一个机构的信用风险如何影响其他机构的信用风险，从而用来评估金融机构之间的关联。

基于此，可以借助 Co-Risk 模型[②]，利用 CDS 市场数据来分析系统性风险。Co-Risk 模型使用金融机构的 CDS 价差数据，用分位数回归来估计当甲机构的 CDS 价差处于较高水平时，乙机构的 CDS 价差将为多少，以评估两机构之间的相互关联程度。模型建立基于以下几个事实：

第一，金融机构的关联可能由于面临共同的风险因素，比如相似的资产组合

[①] 见 IMF：《全球金融稳定报告（2009）：应对金融危机测量系统性风险》，中国金融出版社 2009 年版。

[②] "Co"有三层含义，即联动（Co-movement）、传染（Contagion）和条件（Conditional）。

管理方法、相似的风险控制手段、相同的会计处理方法以及市场对金融机构在运气上的认知等。在控制了共同的风险因素之后,就可以考察一个机构的违约风险如何影响另一家机构的违约风险。由于 CDS 是信用风险的保险,因此可以用 CDS 利差来代替违约风险进行建模。

第二,金融机构 CDS 利差之间的关系并非简单的线性关系,随着违约风险的提高,CDS 利差将以更高的速度增长。在危机时期,CDS 利差与均值分布有较大的偏离,而这些尾部事件正是进行风险监测和控制所应该格外关注的。因此,不能用普通最小二乘法(OLS)进行回归,它只能衡量变量均值之间的关系,通过分位数回归分析法衡量机构间 CDS 利差的关系,可以得到分布的各部分信息,尤其是尾部信息。

第三,当一个机构的 CDS 利差在它的第 5 分位上(分布的左侧尾部)时,表明违约风险不高,该机构正处于特别有利的状态;当 CDS 利差在它的第 95 分位上(分布的右侧尾部)时,表明违约风险很高,该机构正处于特别危险的状态。

使用如下的具体模型来进行分位数回归分析:

$$\text{CDS}_i = \alpha_\tau + \sum_i^K \beta_{\tau,i} R_i + \beta_{\tau,i} \text{CDS}_j + \varepsilon_\tau \qquad (6.1)$$

其中,金融机构 i 的信用违约互换利差 CDS_i,是不同的分位数水平(τ)上常用的风险因素 R_i 和金融机构 j 的信用违约互换利差 CDS_j 的函数。因此,估计出参数 $\beta_{\tau,j}$,即可了解在不同的分位数水平上,机构 j 如何影响机构 i 的 CDS 利差。分位数水平越高,也即情况越不利时,分位数回归分析的斜率就越大,表明在困难时期,两个金融机构之间存在更强的共同风险。

为有效监测系统性风险,应格外关注第 95 分位数的回归分析结果,因为第 95 分位数代表了危机时机构的 CDS 利差。用机构 j 在第 95 分位数水平上的实际 CDS 利差,代入第 95 分位数回归结果,可以估算出机构 i 的 CDS 利差,用它和机构 i 在第 95 分位数水平上的 CDS 利差可以计算出机构 i 的条件共同风险。

条件共同风险反映出机构 j 引起机构 i "尾部风险"增加的百分比,如下:

$$条件共同风险(i,j) = 100 \times \left(\frac{\hat{\alpha}_{95} + \sum_{i}^{K} \hat{\beta}_{95,i} R_i + \hat{\beta}_{95,i} \text{CDS}_j(95)}{\text{CDS}_i(95)} - 1 \right)$$

(6.2)

其中,$\text{CDS}_i(95)$、$\text{CDS}_j(95)$ 分别为机构 i 和 j 在第 95 分位上的 CDS 利差实证观测值。$\alpha_{95} + \sum_{i}^{K} \hat{\beta}_{95,i} R_i + \hat{\beta}_{95,i} \text{CDS}_j(95)$ 表示机构 j 在第 95 分位上时机构 i 的 CDS 利差估计值。因此,机构 i 的条件共同风险越大,就意味着当机构 j 处于困境时,机构 i 的违约估计值增加的百分比越大,也就意味着机构 i 对于机构 j 越脆弱。

由此,对每一对金融机构都成对进行检验,就可以得到每个机构对于其他金融机构的条件共同风险;或者反过来说,可以看出每个机构对于其他金融机构"尾部风险"增加的影响。然后,对某一个机构相对样本中其他任何一个金融机构的条件共同风险取平均值,就可以代表该机构的平均脆弱性水平。因此,依据 Co-Risk 模型,可以利用 CDS 市场数据,得出金融机构之间条件共同风险的动态估计,及时识别系统的脆弱环节、机构之间尾部风险的影响程度和方向,达到及时有效地评估和监测系统性风险的目的。

(二) 改善商业银行信用风险管理,降低系统性风险

信用风险在金融体系内部或者某个金融子领域过度集中,必然会给金融体系造成风险隐患,尤其在宏观经济走势发生转向时,这种现象更加突出。商业银行发放贷款,是信用风险的最大承担者,而且从银行业务实践的角度,银行往往对某一地区、行业或类型的企业或若干主要客户有比较集中的信用敞口。非银行类金融机构因资金规模或经营资格限制,无法按照自身意愿和能力承担信用风险。

通过信用风险缓释工具,可以促进信用风险在不同金融机构和金融市场间的有效配置,将原来集中于商业银行的信用风险分散,转变为银行、保险、证券、信托等金融机构共同承担信用风险。因此,由贷款违约造成的损失能够被更多的主体所分担,降低系统性风险,有利于宏观金融的稳定。在 1997 年亚洲金融危机以前,许多公司虽然认识到要对信用风险进行规避,然而受到流动性的压力而没有大量使用信用衍生品来扩大其资产组合。亚洲金融危机后,金融机构和投资者重新认识到信用衍生品对抵御突发性信用风险的重要性。信用衍生品的使用,向人们证实了其确实能够大大加强银行抵御突发风险的能力,从而避免突发性事件给银行业带来的巨大损失。在 2001 年年底到 2002 年年初所发生的安然和世界通信的特大破产案中,美国多家银行正是由于运用了信用衍生交易,才使自己幸免于难。

具体而言,正确使用信用风险缓释工具,能够大大提高商业银行进行信用风险管理的能力。在信用衍生品出现以前,商业银行通常是通过吸收储户的存款来发放贷款,并将贷款持有至到期。对于信用风险的管理,商业银行主要依靠对贷款或债券进行信用等级分类、授信等静态的信用风险管理手段,而很少采取主动、动态的信用风险管理手段。商业银行对信用风险的管理,也更加侧重于对信用风险的预防而非时时监管。商业银行在提供给企业贷款或者达成某项交易后,一旦发现贷款客户或交易对手有可能出现信用违约事件,采取的措施往往只是增加保证,要求贷款客户提前还款等。信贷双方信息不对称的存在,导致了信贷市场上存在着逆向选择和道德风险的问题,使得一方对另一方造成利益上的损害。如果利益的受损方为银行,则银行便会发生信用风险的积累和不良贷款的增加。这种损害在大范围内的发生和持续的存在最终会妨碍信贷市场的发展,甚至破坏金融系统的稳定性。

以一笔贷款的发放时间为界,信贷市场上的信息不对称可以分为信贷发放前和信贷发放后两种情形。在信贷发放前,银行对于企业的内部控制能力、实际的经营状况等情况的了解低于借贷者。在信贷发放后,银行对于借款者是否把贷款完全用于合同中约定的用途,是否能够按照合同的要求按时归还本金和利息等信息也很难做到及时准确的了解。事前的信息不对称,会诱导贷款人隐藏关键信息,导致借贷市场上的逆向选择。在银行无法判别不同借款者风险高低的情况下,只能不加区别地制定统一的贷款利率,从而导致低风险贷款人撤出贷款市场,而高风险贷款人却选择留在贷款市场中。事后的信息不对称,会激励贷款人掩藏关键行为,催生贷款使用过程中的道德风险。由于银行无法做到对贷款人的实时监测,因而当贷款人将贷款资金挪作他用而转向高风险、高收益的项目时,发放贷款的银行则会承担比贷款合约约定以外更多的风险,从而造成贷款违约率的上升。随着经营环境的改变以及竞争的加剧,商业银行对动态、积极的信用风险管理措施的需求越来越大。

通过发展信用衍生品市场和丰富信用风险管理工具与产品,能够促使商业银行从被动、静态、事后的信用风险管理手段向主动、动态、事中的信用风险管理手段转变,从而提高商业银行的信用风险管理水平。商业银行不再是被动地将贷款持有至到期且承受因贷款违约而带来的损失,而是主动地通过正确使用信用衍生工具,将贷款保留在其资产负债表中的同时,将该贷款的信用风险转移到市场中的其他参与者。这个过程中,商业银行仅仅需要支付保险费,便可既将贷款保留在资产负债表中,又将贷款的未来收益锁定。此外,对于大多数商业银行而言,为了降低交易成本,通常会把业务集中在其熟悉的行业、地区和客户中,这种贷款发放模式会导致风险的集中。通过使用信用衍生品,参与信用风险转移市场,将信用风险转移分散出去,便可减少风险的集中。这也意味着,商业银行能够在不增加信用风险的情况下,增加流动性。这部分超额的流动性,可为商业银行所用以继续发放贷款,从而增加了整个社会的流动性。

同时，信用风险也从银行体系向更多的参与主体进行扩散。对冲基金、保险公司等可以凭借其对信用风险良好的管理能力，成为信用风险的买方。信用衍生品与其他产品相比，具有流动性强、不占用资本金且不受债券市场基础利率波动的影响等特点。因此，信用衍生品也能够拓宽对冲基金、共同基金等机构投资者的投资渠道。以共同基金为代表，若商业银行将信用风险转移给共同基金，信用风险最终会被转移给个人投资者。通过将信用风险向多个市场参与主体进行转移，可将原来集中于商业银行的信用风险分散，转变为银行、保险、证券、信托等金融机构共同承担信用风险。从而，由贷款违约造成的损失也将被更多的主体分担，降低系统性风险，有利于宏观金融的稳定。对冲基金等也可以通过参与信用风险缓释工具的自营交易，卖出信用风险保护，增加其信用风险投资，从而有效缓解长期以来受资金面以及基础利率波动影响所产生的市场风险。

此外，对于非银行类金融机构而言，银行贷款是非常具有吸引力的投资产品。但是，由于受到法律的限制和缺乏必备的贷款管理能力，非银行类金融机构无法直接进入贷款市场。信用风险转移市场的出现，为非银行类金融机构接触贷款市场提供了机会。非银行类金融机构可以通过出售信用保护，进入贷款市场并因承担信用风险而获得相应的收益。事实上，从资金的来源和使用情况来看，与商业银行相比，养老基金、保险公司等机构投资者更适合成为长期贷款的持有者。由于这类机构投资者的资金来源（即负债）现金流动平稳且更加容易预期，因而与长期贷款更加匹配，不仅可以获得收益，还可以起到风险分散化的作用。基于此，这类机构投资者更加有动力参与到信用风险转移市场中，更多的主体参与其中，使得信用风险更加分散化。

（三）减轻商业银行信贷的顺周期性

经济周期（Business Cycle）指的是，经济运行中周期性出现经济繁荣和经济衰退的交替更迭、循环往复的现象。经济周期是国民收入或者总体经济活动的扩张和紧缩的周期性波动,且在每一个阶段都酝酿着向下一个阶段转化的动力。其中,顺周期性是指,在一个复杂的系统中,存在着一些类似于增效器的正反馈机制。在正常的经济周期更迭过程中,金融体系自身的行为或者金融体系与宏观经济相互作用,会催生出一种冲击,从而加剧已有的经济周期的波动。实证研究表明,银行信贷活动具有顺周期性,即具有推动经济周期的形成和加剧经济波动的特征。这可能是由于:银行资本金约束和内部评级制度导致其在经济萧条时期减少信贷投放,而在经济扩张时期恰好相反。银行受到资本监管的约束,例如巴塞尔协议对银行资本充足率的要求,会导致银行出现顺周期性。银行的资本充足率水平会随经济周期的变化而变化,为了满足各种监管要求,银行会调整贷款发放量或者其他经营活动,而这种调整反过来会进一步扩大已有的经济周期波动。此外,银行对潜在客户会进行内部评级。例如,在经济周期的繁荣阶段,银行的资本金通常较为充裕,因而有能力发放更多的贷款。同时,在这个时期,企业发展迅速,其在银行内部评级制度中的评级往往较高,导致银行有意愿为其发放更多的贷款,造成大规模的信贷扩张,以至于进一步刺激了经济的繁荣。相反,在经济周期的衰退阶段,银行的资本金相对短缺,使之不得不收缩贷款规模。然而,这个时期的企业往往经营状况欠佳,在银行内部的评级通常不会太高,考虑到企业客户的高风险特性,导致银行不愿意对其发放贷款,造成信贷规模进一步萎缩,以至于加剧了经济的紧缩状况。

信用风险转移市场的出现,使得银行可以在经济萧条、借款人大批违约的时候,减少贷款损失,被分散化的损失使得贷款紧缩流程相对平滑,不至于出现信贷投放大起大落的情况。Bikker 和 Hu(2002)利用 1979—1999 年间 OECD 国家中 26 个国家的数据进行了实证研究,结果表明:在经济扩张时期,贷款数量和银行利润增加;而在经济衰退时期,贷款数量和银行利润减少。在信用风险转移市场存在且发生作用的前提下,经济扩张时获得的贷款收益由银行和信用保护出售一方共享,不会导致整个社会信贷量的过度扩张,有效减轻了银行信贷行为的顺周期性。该研究还讨论了新巴塞尔协议对资本充足率要求的提高,希望能够提出一个新的对风险敏感的方法,以决定最低资本充足率要求,从而吸收信用风险损失。在新的巴塞尔协议下,在决定最低资本要求的风险权重中考虑到了单个企业的信用风险。许多情况下,银行会采纳标准化的方法,例如采纳标普或者穆迪等评级机构对于企业贷款风险的评级。企业信用风险的改变会体现在企业评级的改变中,从而影响银行的资本金要求。但是,有些成熟的银行拥有自己的内部评级机制,并运用自有机制对贷款企业的信用风险进行评级,甚至对贷款企业的资产和相关抵押产品也进行评价。需要指出的是,外部评级在经济周期过程中是不变的;而银行的内部评级机制会在经济周期的不同阶段有所不同。新巴塞尔协议的推出,促进了单个银行对资本充足率的考量。但是,由于银行是信用的主要提供者,资本充足率的风险的敏感性同样会给宏观经济带来顺经济周期的影响。信用衍生品的出现,能够有效缓解商业银行贷款发放的顺周期性。在经济周期衰退的情况下,商业银行通过将发放贷款的风险转移到交易另一方,降低了对资本充足率的要求,从而有动力也有能力发放更多的新贷款,进而缓解商业银行在经济周期衰退阶段的信贷萎缩问题。

三、信用风险缓释工具对宏观审慎政策的负面影响

上一章总结了信用风险缓释工具对金融稳定性的不利影响,尽管这种不利

影响的程度要受经济体金融市场的发达程度、市场主体的信用风险管理水平以及监管当局的监管水平等诸多因素的影响,但在建立宏观审慎政策框架的过程中,仍须给予必要的重视。以下,将就信用风险缓释工具对宏观审慎政策的负面影响,重点展开讨论。

(一) 信用风险转移使信用风险分散,提高了市场的复杂性

商业银行是主要的信用保护净买方,通过信用风险缓释工具交易实现风险管理或者提高收益的目的;保险公司等非银行类金融机构是主要的信用保护净卖方,通过出售信用风险缓释工具参与信用风险市场;对冲基金和投资银行更多的是从交易和套利的角度参与市场。信用衍生品市场的出现,增加了承担信用风险主体的数量,同时也加剧了信用风险分布情况的复杂性,信用衍生品的出现使金融机构建立了新的业务联系,从而提升了整个金融系统的复杂性。很多没有信用风险管理经验的机构也参与到信用风险市场中,这本身就是一种风险隐患。此外,信用衍生品市场的风险源头是借款者的信用风险,过度的分散使得投资者难以正确评估信用风险。因此,信用风险缓释工具市场提高了信用风险市场的复杂性,增加了监管难度。

虽然信用风险从银行的转出,可以帮助银行更好地进行自身的信用风险管理,但是这个转移存在隐患。第一点,考虑到交易对手风险,信用风险的转移可能并不完全和彻底。例如,一家银行通过购买信用违约互换来对一笔贷款购买信用风险保护,即便该家银行将不再对最初的贷款者承担信用风险,但是对信用风险买方(如对冲基金)却承担着交易对手风险。第二点,由于银行对信用风险的买方(如对冲基金)提供融资后,如果证券化资产的损失导致了对冲基金的破产,则有可能发行的证券化资产又回到了银行的资产负债表内。第三点涉及信用风险的买方(如对冲基金)、银行和贷款人之间的关系,即当对冲基金想要与

贷款人进行贷款重组的时候,对冲基金如何与银行进行沟通协调。在过去,由于该笔贷款作为银行的资产在银行的资产负债表中,银行有动力与贷款人保持联系,并对贷款人的经营状况和经营成果进行期后的跟踪;而当银行对这笔贷款进行证券化后,由于银行不再承担这笔贷款的信用风险,致使银行缺乏激励对贷款人的经营状况和经营成果进行后续的跟踪。由于信息的不对称,即贷款合同只存在于银行与贷款人之间,对信用风险的新承担者——对冲基金而言,很难做到与银行一样,对贷款人的经营状况和经营成果有足够、及时、详细的了解。加之,信用衍生工具的迅速发展,加剧了这一情况的出现。特别是,如果银行对于该笔贷款购买的信用保护的保护金额超过了该笔贷款名义上的本金金额,那么,如果该笔贷款违约,银行甚至能够从贷款违约中牟利。因而,一定程度上而言,信用风险的转移增加了金融系统的不稳定性。

又例如,假设在金融体系中,只有商业银行和保险公司这两种金融机构存在。两类金融机构都可以持有短期和长期的无风险资产(如短期或者长期的政府债券),区别在于,只有银行可以通过吸收存款向企业提供风险贷款,保险公司则通过收取保费的方式对企业资产提供保险。如果所有银行都面临相同的客户流动性需求,银行将只持有短期的无风险资产和风险贷款。银行持有短期的无风险资产是为了满足部分存款客户的提前取款需要,即流动性需求。如果银行体系和保险公司之间不存在信用风险转移,则保险公司会将收取的保费只投资于短期的无风险资产,在客户资产受损时提供补偿。但是,如果银行体系和保险公司之间存在信用风险转移,保险公司为了承担银行体系的信用风险,必须把一部分保费投资于长期的无风险资产。因此,信用风险转移使得银行体系和保险公司之间实现了风险的分散。但是,如果不同银行面临的客户流动性需求存在较大差别的话,一些银行可能遭受到较多存款客户的提款需求,而另一些银行面临较小的提款需求。为了在银行之间调剂流动性,银行除了持有短期的无风险资产和风险贷款外，还必须持有长期的无风险资产。因此，遭受流动性冲击的银行可以向未遭受流动性冲击的银行出售长期的无风险资产，以获得流动性支持。在存在信用风险转移的情况下，由于保险公司也必须持有长期的无风险资产，就有可能出现保险公司的风险传导到银行体系的情况。其机制如下：在保险公司承保客户出现大规模财产损失的情况下，保险公司为了进行赔付，必须出售长期的无风险资产，这会造成市场上长期的无风险资产价格下跌，如果银行体系也运用长期的无风险资产交易调剂流动性的话，就会造成银行的资产损失。也就是说，不存在信用风险转移时，因为保险公司和银行体系持有的金融资产不同，保险公司的系统性风险是不会传导到银行体系的；而存在信用风险转移的情况下，由于保险公司和银行体系都必须交易长期的无风险资产，保险公司的系统性风险就有可能传导到银行体系，从而引发金融危机。因此，信用风险转移市场在增加承担信用风险主体数量的同时，也大大提高了信用风险分布情况的复杂性。

此外，由于大多数国家的监管当局并未对信用风险转移市场上的相关信息给出完善的披露要求，信用风险转移市场的透明度较低，为该市场的参与机构了解市场的相关信息造成了很大的困难，同时也大大提高了监管难度。加之，信息风险转移市场中的结构化产品复杂度较高，准确测量相关交易风险具有一定的难度。特别是，市场中存在大量客户定制的产品，标准化程度较低，加剧了风险的计量难度。

如前所述，虽然信用风险转移市场可以转移商业银行的信用风险，但同样也具有集中风险的可能。在信用风险转移市场发展之前，银行系统主要考虑的是信用风险是否过度集中于某一个银行，是否会对整个银行体系造成伤害。而在信用风险转移市场发展之后，由于信用风险被转移到了整个银行体系之外，监管又没有及时跟上，就需要考虑风险是否会过度集中到某个或者某些信用风险转移市场的参与者处。虽然信用风险衍生品种类繁多,但是其二级市场的参与者种类却较为单一,因而存在信用风险在个别机构集中的可能性。一旦这些信用风险集中的机构出现问题,由于其涉及的资金众多,交易对手广泛,进而会对金融系统的稳定性造成严重的影响。

(二) 信用风险转移可能提高金融机构的杠杆率,增加系统性风险

信用衍生品为商业银行提供了"节流"的渠道,在不补充资本金的情况下,银行通过信用衍生品降低风险权重,提高了资本充足率,但也会相应地增加银行的杠杆率。另一方面,信用衍生品是保证金交易,伴随其他机构参与到该市场中,风险转移链条会被相应拉长,使得金融机构的杠杆率出现相应攀升,增加了系统性风险。

以商业银行将贷款进行资产证券化为例,商业银行通过将贷款进行资产证券化,发行资产支持证券之后,能够将贷款的信用风险转移到资产支持证券的买方。在这个过程中,单个银行的经济资本的要求减少。但是,这个过程将从两个方面增加系统性风险并对金融系统的稳定性产生影响。首先,如果风险是从银行转移到不受监管的市场参与者中,对整个经济而言,由于这些风险的接受者不受经济资本要求的约束,便会导致整个经济的经济资本总量减少。银行所要求的经济资本减少,变相增加了商业银行的杠杆率,进而增加了商业银行的经营风险。其次,如果银行转而又投资于其他银行的资产支持证券,则这种风险转移将导致不同银行之间关联度的大大增加,进而导致系统性风险的增加,并对金融体系的稳定性构成威胁。这种情况下,即便银行按规定提取了经济资本,也是没有效果的。此外,由于信用衍生品采用的是保证金交易的方式,这会导致信用衍生品市场的参与者投资的信用衍生品能够大大超出投资者的现有资本金。所以,

一旦信用衍生品市场的参与者没有很好地对信用衍生品进行风险管理,便可能导致其投资的信用衍生品超过其自身的风险承担能力。一旦市场出现冲击,即信用事件出现,由于信用衍生品市场的参与者承担了其本不能承受的风险,因而会使其遭受巨大损失,甚至是破产。

(三) 由于信息不对称而引发逆向选择和道德风险

在信用风险转移市场中,贷款人、商业银行和信用风险的买方是三个主要的市场参与者。其中,贷款人和商业银行是直接联系的,商业银行和信用风险的买方是直接联系的。在这两组关系中,均存在着信息不对称的问题。首先,借款企业和贷款银行之间对于借款企业投资项目的预期期望以及借款后借款企业的经营状况、借款的使用情况存在着信息不对称问题,贷款银行由于将信用风险进行转移之后不用再承担相应的信用风险,可能会弱化对贷款企业的审查和监督,进而加剧恶化贷款企业的道德风险和逆向选择问题。其次,信用风险的买方只能根据公开信息对其想要保护的贷款的信用水平进行分析,而贷款银行因为对借款企业进行了信息的搜集和贷款前的审查、贷款后的监督等活动以及两者之间存在的长期业务关系,相比于信用风险买方,贷款银行会对借款企业的实际情况有一个更为清晰的了解。一般而言,借款企业与信用风险买方并不存在直接的业务联系,但借款企业的经营状况等情况却会对其造成直接的影响。事实上,由于各种限制的存在,信用风险买方往往无法获得其保护贷款的详细信息,借款人也往往不愿意将自身信息透露给并不熟悉的第三方。为了判断其保护贷款的详细信息,信用风险买方所需要知道的信息很多,不仅包括交易时的实时信息,而且还包括产品存续期间内的相关信息。值得注意的是,在引入信用风险转移工具后,作为信用风险出售者的商业银行则主要考虑:首先,该笔贷款信用风险的转移出售不能伤害借贷双方之间的商业关系;其次,由于商业银行比信用风险买方更具信息优势,因而信用风险买方会担心商业银行隐藏了借款人的不利信息,即逆向选择问题。

一方面,商业银行会在信息不对称的情况下进行逆向选择。由于可以通过信用风险缓释工具转移信用风险,银行会减小对贷款质量的审查和监督力度,使不良贷款率增加。加之,信用风险缓释工具只是分散风险,并不能根本性地消除风险,这会导致整个信用市场的违约率增加。另一方面,由于银行审查和监督力度的下降,贷款企业的道德风险更加严重,企业经营的动力下降,甚至追求高风险的项目,进而威胁金融体系的稳定性。

不仅是逆向选择问题,信用风险转移市场的道德风险问题也很严重。在没有信用风险转移市场之前,商业银行会实施严格的贷款事后监督措施从而促使借款人严格按照借款合同的要求对借款进行使用,并且对借款人贷款后的经营状况也要进行充分的了解。然而,在商业银行进行了信用风险转移之后,由于商业银行购买了信用保护,容易失去对借款人贷款事后监督的激励,从而加剧了商业银行与借款人之间的道德风险问题。另一方面,信用风险保护卖方与信用风险保护买方之间也存在着道德风险问题,即进行信用风险转移的商业银行通常存在提早触发信用事件的激励。如果在债务到期日之前进行了债务重组,则商业银行可以从信用风险买方处获得赔付。作为信用风险买方,在信用事件发生之后,通常也存在着拒绝或者延迟支付信用风险转移合约中约定的赔偿金额的激励。在实际操作中,由于信用风险转移工具产品种类的不同,商业银行所购买的信用风险保护类型也不尽相同。区别主要体现在,该信用风险转移工具是将资产风险的头寸全部转移出去,还是仅仅将信用风险转移出去。贷款出售和资产证券化等信用风险转移工具是将资产风险的头寸全部转移出去;而信用衍生品和信用风险担保仅仅是将信用风险转移出去。例如,在贷款销售市场中,商业银行的道德风险体现为在其不通知借款人的情况下而将该笔贷款进行出售,由于商业银行对借款人拥有信息优势,该行为可能会导致对借款人的状况形成负面的猜测,从而影响借款人的声誉。

作为信用风险转移市场关联方之一的评级机构同样存在着道德风险问题。由于信用风险买方对于其想要保护的贷款的实际情况并不能做到非常准确的了解,因而只能依赖评级机构对该笔负债进行评级,并且将评级结果作为预期投资收益具有安全性和保证性的信号。对评级机构而言,由于其收入来自于其收取的评级费用,它们往往易受到利益的驱动,有激励去人为地调高该笔贷款的信用评级,从而使该笔贷款的信用风险能够顺利地转移出去,以获得评级费用。以上这些道德风险的出现,都大大提高了系统性风险,对金融系统的稳定性产生不利影响。

如前所述,在金融体系引入信用风险衍生工具交易之前,银行主要通过出售贷款进行风险转移。但是,由于银行相对于非银行类金融机构存在对贷款质量的信息优势,因此贷款出售市场很容易受到非银行类金融机构对信息不对称程度预期变化的影响。引入信用风险衍生工具交易之后,由于信用风险衍生工具的到期时间一般都短于银行贷款的到期时间,例如银行贷款到期时间为 5 年,而信用风险衍生工具到期时间为 2 年。在 2 年之内,信用风险事件是否发生并不取决于贷款企业的新项目盈利,而更多地取决于贷款企业的原有项目盈利状况,而信用风险转移市场关于贷款企业原有项目盈利的信息不对称程度要远远低于对贷款企业新项目盈利状况的信息不对称程度。因此,银行通过信用风险衍生工具交易进行的风险转移基本是选择在高质量贷款项目的贷款初期进行,此时银行和非银行类金融机构之间的信息不对称程度最低。引入信用衍生工具交易之后,非银行类金融机构会产生预期,认为银行把高质量的贷款在贷款初期进行信用风险衍生工具交易,而通过贷款出售市场进行的风险转移都是低质量高风险的贷款,这种预期会导致贷款出售市场崩溃。由此可见,信用风险衍生工具市场的发展和贷款出售市场崩溃的净效应使得银行体系的风险难以有效转移,进而损害了金融系统的稳定性。

(四)信用风险转移影响了中央银行货币政策的有效性,增加了系统性风险

中央银行的货币政策通常指,中央银行为了实现其特定的经济目标而采用的各种控制和调解货币供应量或者信用量的方针和措施。中央银行货币政策的目标一般分为三个层次:最终目标、中介目标和操作目标。最终目标是指中央银行期望最后达到的目标。例如,我国中央银行货币政策的最终目标是,稳定物价、充分就业、促进经济增长和平衡国际收支四大最终目标。中央银行为了达到最终目标,必须要选择可跟踪的中期指标体系,并加以控制,从而达到最终目标的实现。因各国金融市场的具体情况不同,中介目标的确定也有所差异,中介目标不仅要与最终目标有高度的相关性,还要与中央银行所能运用的货币政策密切联系。货币政策的中介目标包括货币供应量、长期利率、贷款规模或贷款增加额、汇率、通货膨胀率等。一般来说,中央银行货币政策的中介目标需要通过操作目标来实现,而操作目标通常是由中央银行所运用的货币政策工具来实现。三大货币政策工具包括公开市场操作、准备金率和再贴现率等。

信用风险转移的出现,弱化了中央银行货币政策的效果。大规模的信用风险转移使风险难以被确认和定价,由于没有信用风险转移市场的参与机构能够准确估计出信用风险转移市场中的风险,从而导致风险难以被量化,进而影响了中央银行货币政策的有效性。

具体来说,首先,信用风险转移市场的出现,使得以赚取风险利润为主的货币在货币总量中所占比例提高。这些货币没有受到货币供应量的影响,但是对社会的信用创造和物价水平会产生较大的影响。因而,这些以赚取风险利润为

主的货币的出现不利于中央银行对货币总量进行控制。其次,信用风险转移的出现,带来了信贷的扩张。这主要表现在两个方面:一是信用风险转移市场的出现,使得像保险公司、共同基金、对冲基金等本来受到法律约束、不具备发放贷款资格的非银行类金融机构参与到信贷市场中,增加了信贷市场中贷方的数量;二是银行通过信用风险转移市场,将资产负债表中贷款的信用风险转移出去,从而更容易满足监管部门对于充足资本金的监管要求,伴随商业银行发放贷款的意愿增强,导致了信贷的扩张,进而影响了货币政策操作的效果。再次,信用风险转移的出现,削弱了传统货币政策工具的使用效率,无论是通过货币总量控制还是通过利率调节以实现货币政策目标,均存在一定的困难。在传统理论中,货币政策一般是通过改变整个社会的信贷供应量,进而影响实体经济的运行。然而,通过贷款资产证券化,商业银行的流动性得以大大提升,削弱了货币政策对商业银行可贷资金的影响能力,进而削弱了货币政策的实施效果。

四、小　　结

综上所述,信用风险缓释工具的发展,对于宏观审慎管理而言具有双重作用。具体而言,信用风险缓释工具能够在系统性风险监测中,发挥重要的作用。通过利用以信用违约互换为代表的市场数据,能够有效、及时、快捷地揭示金融机构中的信用风险,从而了解一个机构的信用风险如何影响其他机构的信用风险,进而了解对于整个金融系统稳定性所带来的影响。此外,信用风险缓释工具能够改善商业银行的信用风险管理能力,降低系统性风险。使用信用风险缓释工具后,商业银行能够改变以前被动、静态、事后的信用风险管理方式,而采用主动、动态、事中的信用风险管理方式,在没有将贷款从资产负债表中移出的情况下将贷款的信用风险转移出去,并且保留贷款的未来收益。同时,信用风险从原本在银行体系中聚集转变为向银行体系之外更多的信用风险转移市场参与主体转移,信用风险承担主体的多元化降低了系统性风险。再有,信用衍生品的出现,缓解了商业银行发放贷款的顺经济周期行为。在信用衍生品出现之前,商业银行在经济周期的繁荣阶段会发放更多的贷款,从而进一步刺激了经济的繁荣;而在经济周期的衰退阶段,商业银行会减少贷款的发放,从而加剧经济的紧缩。信用衍生品的出现,使得商业银行能够将资产负债表上的贷款的信用风险转移出去,从而缓解监管部门对于商业银行核心资本金的要求。因而,不论是在经济周期的繁荣阶段,还是在经济周期的衰退阶段,商业银行发放企业贷款的数量均可以保持相对平稳,进而减弱商业银行发放贷款的顺经济周期行为。

然而,信用风险缓释工具也会对宏观审慎政策带来负面的影响。具体而言,商业银行通过信用风险缓释工具,将信用风险在信用风险转移市场的参与主体之间进行转移,导致了信用风险的分散,提高了市场的复杂性。信用风险转移市场的参与者类型众多,各个主体的信用风险管理能力也存在差别。加之,信用风险转移并不可能将全部的风险进行完全彻底的转移,交易对手风险仍然存在。若信用风险买方没有足够的风险承担能力,信用事件的出现会导致信用风险买方的破产,而作为信用风险卖方的商业银行会最终承担信用事件所带来的损失。此外,信用风险转移提高了整个金融系统的杠杆率,导致系统性风险的增加。商业银行通过将资产负债表上贷款的信用风险进行转移,尽管缓解了监管部门对于其核心资本充足率的要求,但却提高了自身的杠杆率。商业银行杠杆率的提高,增加了商业银行的经营风险。由于信用衍生工具的交易通常采用保证金的方式进行,信用风险转移市场的参与者能够购买超过其信用风险承担能力的信用风险转移工具。一旦信用事件出现,保证金交易的做法将会加大信用风险买方出现巨额损失甚至破产的概率。再有,无论是在贷款发放市场还是在信用风险转移市场,均存在着严重的信息不对称问题。在信用风险转移市场,由于银行可以通过信用风险缓释工具转移信用风险,它会减小对贷款质量的审查和监督力度,使不良贷款率增加。信用风险缓释工具只能分散风险,并不能根本性地消除风险,这就会使信用市场的违约率增加。另一方面,由于银行审查和监督力度的下降,同时加剧了贷款企业的道德风险问题,企业经营的动力下降,甚至追求高风险的项目,最终威胁金融体系的稳定性。最后,信用风险转移的出现,削弱了中央银行货币政策的实施效率,进而增加了系统性风险。首先,信用风险转移市场的出现,使以赚取风险利润为主的货币在货币总量中所占比例有所提高;其次,信用风险转移的出现,带来了信贷的扩张;再次,信用风险转移削弱了传统货币政策工具的使用效率,无论是通过货币总量控制还是通过利率调节,均存在着一定的困难。

总体而言,在一定市场限度内,信用风险缓释工具的发展有利于加强宏观审慎管理;反之,如果信用风险缓释工具的发展超过了市场限度而盲目发展,势必会放大风险,损害宏观审慎管理。因此,在政策层面上,应当通过一些制度设计,尽量趋利避害,充分发挥信用风险缓释工具有利的一面,而有效规避其有害的一面。

尽管目前对于信用风险缓释工具市场,仍存在不少争议,但就中国而言,信用风险缓释工具仍存在发展不足而不是发展过度的问题。在信用风险管理过程中,适时地引入信用衍生品是必然的,也是必要的。这不仅有利于金融机构在微观层面上改变风险管理方式,在提高风险管理有效性的同时,提高资本收益率,有效解决风险管理和业务开拓之间的矛盾;也有利于产生宏观层面上的积极效应,包括减缓金融机构借贷的顺周期性,提高金融系统应对外部风险冲击的能力,降低金融系统风险等。因此,有必要在宏观审慎政策工具箱中纳入信用风险缓释工具。具体应用至少可以体现在以下几个方面:(1)在逆周期资本缓冲机制中考虑风险资产的信用风险转移问题;(2)提高交易账户资本要求以减少流动性风险;(3)在实行可调整的贷款按揭成数(Loan to Value,简称LTV)工具时考虑信用风险转移的影响;(4)对信用保护者的风险承受能力进行压力测试。

参考文献

外国文献:

[1] Acharya, V. V., Drechsler, I., Schnabl, P.. A Pyrrhic Victory? —Bank Bailouts and Sovereign Credit Risk. NBER Working Paper No. 17136, 2011.

[2] Acharya, V. V., Schnabl, P., Suarez, G.. Securitization Without Risk Transfer. NBER Working Paper 15730, 2010.

[3] Allen, F., Carletti, E.. Credit Risk Transfer and Contagion. *Journal of Monetary Economics*, 2006, 53: 89—111.

[4] Anson, M. J. P., Fabozzi, F. J., Choudhry, M., Chen, R.. *Credit Derivatives: Instruments, Applications, and Pricing*. John Wiley & Sons, Inc., 2003.

[5] Artzner, P., Delbaen, F.. Default Risk Insurance and Incomplete Markets. *Mathematical Finance*, 1995, 5: 187—195.

[6] Basel Committee on Banking Supervision. International Convergence of Capital Measurement and Capital Standards: A Revised Framework (Comprehensive Version). Bank for International Settlements, 2006: 254—259.

[7] Basel Committee on Banking Supervision. Progress Report on Counterparty Credit Risk. Bank for International Settlements, 2010: 28—37.

[8] Baur, D., Joossens, E.. The Effect of Credit Risk Transfer on Financial Stability. European Commission, Directorate-General Joint Research Centre, Institute for the Protection and Security of the Citizen, Working Paper, 2005.

[9] Bhar, R., Handzic, N.. A Multifactor Model of Credit Spreads. *Asia-Pacific Financial Mar-*

kets, 2011, 18: 105—127.

[10] Bikker, J. A., Hu, H.. Cyclical Patterns in Profits, Provisioning and Lending of Banks. DNB Staff Reports No. 86, 2002.

[11] Black, F., Cox, J. C.. Valuing Corporate Securities: Some Effects of Bond Indenture Provisions. *Journal of Finance*, 1976, 31: 351—367.

[12] Black, F., Scholes, M.. The Pricing of Options and Corporate Liabilities. *Journal of Political Economy*, 1973, 81:637—654.

[13] Blanco, R., Brennan, S., Marsh, I. W.. An Empirical Analysis of the Dynamic Relation between Investment-Grade Bonds and Credit Default Swaps. *Journal of Finance*, 2005, 60: 2255—2281.

[14] Buraschi, A., Jiltsov, A.. Model Uncertainty and Option Markets with Heterogeneous Beliefs. *Journal of Finance*, 2006, 61: 2841—2897.

[15] Chan-Lau, J. A., Ong, L. L.. The Credit Risk Transfer Market and Stability Implications for U. K. Financial Institutions. IMF Working Paper WP/06/139, 2006.

[16] Chiesa, G.. Optimal Credit Risk Transfer, Monitored Finance, and Banks. *Journal of Financial Intermediation*, 2008, 17: 464—477.

[17] Choi, J., Richardson, M.. The Volatility of the Firm's Assets. The SoFiE 2008 Conference, 2008.

[18] Cole, R. T., Feldberg, G., Lynch, D.. Hedge Funds, Credit Risk Transfer and Financial Stability. *Banque de France Financial Stability Review*, 2007, 10: 7—17.

[19] Collin-Dufresne, P., Goldstein, R. S., Martin, J. S.. The Determinants of Credit Spread Changes. *Journal of Finance*, 2001, 56: 2177—2207.

[20] Committee on Payment and Settlement Systems. New Developments in Clearing and Settlement Arrangements for OTC Derivatives. Bank for International Settlements, 2007.

[21] Cousseran, O., Rahmouni, I.. The CDO Market Functioning and Implications in terms of Financial Stability. *Financial Stability Review*, 2005, 6: 43—62.

[22] Davies, M.. The Rise of Sovereign Credit Risk: Implication for Financial Stability. *BIS Quarterly Review*, 2011, 9:59—70.

[23] Davis, M., Lo, V.. Infectious Defaults. *Quantitative Finance*, 2001, 1:382—386.

[24] Duffee, G. R., Zhou, C.. Credit Derivatives in Banking: Useful Tools for Managing Risk? *Journal of Monetary Economics*, 2001, 48: 25—54.

[25] Duffie, D., Pan, J.. Analytical Value at Risk with Jumps and Credit Risk. *Finance and Stochastics*, 2001, 5: 155—180.

[26] Duffie, D., Singleton, K. J.. Modeling Term Structures of Defaultable Bonds. *Review of Financial Studies*, 1999, 12: 687—720.

[27] Duffie, D., Singleton, K. J.. *Credit Risk: Pricing, Measurement, and Management*. Princeton University Press, 2003.

[28] Dumas, B., Kurshev, A., Uppal, R.. Equilibrium Portfolio Strategies in the Presence of Sentiment Risk and Excess Volatility. *Journal of Finance*, 2009, 64: 579—629.

[29] Elton, E. J., Gruber, M. J., Agrawal, D., Mann, C.. Explaining the Rate Spread on Corporate Bonds. *Journal of Finance*, 2001, 56: 247—277.

[30] Francois, P., Morellec, E.. Capital Structure and Asset Prices: Some Effects of Bankruptcy Procedures. *Journal of Business*, 2004, 77: 387—411.

[31] Gai, P., Kapadia, S., Millard, S., Perez, A.. Financial Innovation, Macroeconomic Stability and Systemic Crises. *Economic Journal*, 2008, 118: 401—426.

[32] Gallmeyer, M., Hollifield, B.. An Examination of Heterogeneous Beliefs with a Short Sale Constraint. *Review of Finance*, 2008, 12: 323—364.

[33] Geske, R.. The Valuation of Corporate Liabilities as Compound Options. *Journal of Financial and Quantitative Analysis*, 1977, 12: 541—552.

[34] Giesecke, K., Goldberg, L. R.. Sequential Defaults and Incomplete Information. *Journal of Risk*, 2004, 7: 1—26.

[35] Giesecke, K.. Credit Risk Modeling and Valuation: An Introduction. Cornell University,

Working Paper, 2004.

[36] Goderis, B., Marsh, I. W., Castello, J. V., Wagner, W.. Bank Behavior with Access to Credit Risk Transfer Markets. Tilburg University Research Paper, 2006 October.

[37] Gray, D. F., Merton, R. C., Bodie, Z.. Contingent Claims Approach to Measuring and Managing Sovereign Credit Risk. *Journal of Investment Management*, 2007, 5: 5—28.

[38] Greenspan, A.. Risk Transfer and Financial Stability. Federal Reserve Bank of Chicago, 2005 May.

[39] Guo, X., Jarrow, R. A., Lin, H.. Distressed Debt Prices and Recovery Rate Estimation. *Review of Derivatives Research*, 2008, 11: 171—204.

[40] Hakenes, H., Schnabel, I.. Credit Risk Transfer and Bank Competition. *Journal of Financial Intermediation*, 2010, 19: 308—332.

[41] Haensel, D., Krahnen, J. P.. Does Credit Securitization Reduce Bank Risk? Evidence from the European CDO Market. Goethe University, Working Paper, 2007.

[42] Hull, J., Predescu, M., White, A.. The Relationship between Credit Default Swap Spreads, Bond Yields, and Credit Rating Announcements. *Journal of Banking and Finance*, 2004, 28: 2789—2811.

[43] Instefjord, N.. Risk and Hedging: Do Credit Derivatives Increase Bank Risk? *Journal of Banking & Finance*, 2005, 29: 333—345.

[44] Ericsson, J., Renault, O.. Liquidity and Credit Risk, *Journal of Finance*, 2006, 61: 2219—2250.

[45] Jarrow, R. A., Turnbull, S. M.. Pricing Derivatives on Financial Securities Subject to Credit Risk. *Journal of Finance*, 1995, 50: 53—85.

[46] Jarrow, R. A., Yu, F.. Counterparty Risk and the Pricing of Defaultable Securities. *Journal of Finance*, 2001, 56: 1765—1799.

[47] Kiff, J., Michaud, F. L., Mitchell, J.. An Analytical Review of Credit Risk Transfer Instruments. *Banque de France Financial Stability Review*, 2003, 1: 125—150.

[48] Kijima,M., Muromachi,Y.. Credit Events and the Valuation of Credit Derivatives of Basket Type. *Review of Derivatives Research*, 2000, 4: 55—79.

[49] Kim,I. J., Ramaswamy,K., Sundaresan,S.. Does Default Risk in Coupons Affect the Valuation of Corporate Bonds? A Contingent Claims Model. *Financial Management*, 1993, 22: 117—131.

[50] Krahnen,J.P., Wilde, C.. Risk Transfer with CDOs and Systemic Risk in Banking. Goethe University, Working Paper, 2006 June.

[51] Kroszner,R.S.. Central Counterparty Clearing History: Innovation and Regulation. *BIS Review*, 2006, 27: 2—3.

[52] Lando,D.. On Cox Processes and Credit Risky Securities. *Review of Derivatives Research*, 1998, 2: 99—120.

[53] Li,D. X.. On Default Correlation: A Copula Function Approach. *Journal of Fixed Income*, 2000, 9: 43—54.

[54] Longstaff,F. A., Schwartz,E. S.. A Simple Approach to Valuing Risky Fixed and Floating Rate Debt. *Journal of Finance*, 1995, 50: 789—819.

[55] Lucas,D. J., Goodman,L., Fabozzi,F. J.. Collateralized Debt Obligations and Credit Risk Transfer. Yale ICF Working Paper No. 07—06,2007.

[56] Marsh,I. W.. The Effect of Lenders' Credit Risk Transfer Activities on Borrowing Firms' Equity Returns. City University London Research Paper, 2006 August.

[57] Merton,R. C.. On the Pricing of Corporate Debt: The Risk Structure of Interest Rates. *Journal of Finance*, 1974, 29: 449—470.

[58] Merton,R. C.. Option Pricing When Underlying Stock Returns Are Discontinuous. *Journal of Financial Economics*, 1976, 3:125—144.

[59] Merton,R. C.. On Estimating the Expected Return on the Market: An Exploratory Investigation. *Journal of Financial Economics*, 1980, 8:323—362.

[60] Nijskens,R., Wagner,W.. Credit Risk Transfer Activities and Systemic Risk: How Banks

Became Less Risky Individually but Posed Greater Risks to the Financial System at the Same Time. *Journal of Banking and Finance*, 2011, 35: 1391—1398.

[61] O'Kane, D., Lehman Brothers, et al. *The Lehman Brothers Guide to Exotic Credit Derivatives*. Lehman Brothers Inc., 2003.

[62] Reinhart, C. M., Rogoff, K. S.. The Aftermath of Financial Crises. *American Economic Review*, 2009, 99: 466—472.

[63] Santomero, A. M., Trester, J. J.. Financial Innovation and Bank Risk Taking. *Journal of Economic Behavior and Organization*, 1998, 35: 25—37.

[64] Schläfer, T. S., Uhrig-Homburg, M.. Estimating Market-implied Recovery Rates from Credit Default Swap Premia. Karlsruhe Institute of Technology, Working Paper, 2009.

[65] Shiller, R.. *The Subprime Solution: How Today's Global Financial Crisis Happened and What to Do about It*. Princeton University Press, 2008.

[66] Thompson, J. R.. Credit Risk Transfer: To Sell or to Insure. Queen's University, Working Paper, 2007.

[67] Wagner, W., Marsh, I. W.. Credit Risk Transfer and Financial Sector Stability. *Journal of Financial Stability*, 2006, 2: 173—193.

[68] Whalen, C.. The Subprime Crisis: Cause, Effect and Consequences. Networks Financial Institute Policy Brief No. 2008-PB-04, 2008.

中国文献：

[1] 中国银行间市场交易商协会:《2007年中国银行间市场金融衍生产品交易主协议》释义[M],中国金融出版社,2008。

[2] 中国银行间市场交易商协会:《中国信用衍生产品创新与发展问题研究》[R],内部研究报告,2010(7)。

[3] 中国银行间市场交易商协会:《信用风险缓释工具(CRM)参与主体多元化相关问题研究》[R],内部研究报告,2012(6)。

[4] 中国银行间市场交易商协会:《信用风险缓释工具(CRM)信用事件决定和拍卖结算机制研究》[R],内部研究报告,2012(6)。

[5] 中国银行间市场交易商协会:《信用风险缓释工具(CRM)估值定价技术研究》[R],内部研究报告,2012(7)。

[6] 国务院国发〔2004〕3号:《关于推进资本市场改革开放和稳定发展的若干意见》[Z],2004。

[7] 国际货币基金组织:《全球金融稳定报告(2009):应对金融危机测量系统性风险》[M],中国金融出版社,2009。

[8] 巴曙松:《后金融危机时代全球金融衍生品发展与趋势展望》[J],《中国金融电脑》,2010(5)。

[9] 包香明:《信用风险缓释工具解析》[J],《中国外汇》,2013(5)。

[10] 陈鸿祥:《信用风险缓释工具(CRM)的应用分析及发展策略》[J],《武汉金融》,2013(8)。

[11] 程功、张维、熊熊:《信息噪音、结构化模型与银行违约概率度量》[J],《管理科学学报》,2007(10)。

[12] 冯丹:《引入信用风险缓释工具 提高风险管理能力》[J],《金融市场研究》,2010(12)。

[13] 冯光华:《服务市场 务实创新 推动信用衍生产品市场健康发展》[J],《金融市场研究》,2010(12)。

[14] 高巍、赵达薇:《信用违约互换及其定价模型》[J],《科技与管理》,2008(1)。

[15] 高成兴、符文佳:《论中央交易对手与交易对手信用风险管理》[J],《中南财经政法大学学报》,2010(5)。

[16] 韩琳、赵俊强:《信用风险转移市场的发展背景、特征与对策研究》[J],《上海金融》,2006(9)。

[17] 何韵:《中国资产证券化问题研究》[D],西南财经大学,2009。

[18] 胡滨、尹振涛:《英国的金融监管改革》[J],《中国金融》,2009(17)。

[19] 黄莉:《衍生工具的会计披露》[D],西南财经大学,2008。

[20] 吉余峰、姜源:《全球信用衍生品发展追溯》,Proceedings of Conference on Web Based Business Management,2011(WBM2011)。

[21] 蒋润祥、魏长江:《宏观审慎政策框架的最新理论与实践进展》[J],《南方金融》,2012(5)。

[22] 雎岚、施虓文:《适用于中国的信用风险缓释工具定价模型》[J],《数量经济技术经济研究》,2013(1)。

[23] 雎岚、涂志勇、施虓文:《影响信用风险缓释工具价格的模型外生因素研究——基于信用利差的实证分析》[J],《证券市场导报》,2013(2)。

[24] 〔美〕劳里·古德曼、弗兰克·法博奇:《CDO 的结构与分析》[M],机械工业出版社,2005。

[25] 李岚、杨长志:《基于面板数据的中期票据信用利差研究》[J],《证券市场导报》,2010(8)。

[26] 林欣:《金融衍生品错向风险及其防范研究》[J],《新金融》,2012(9)。

[27] 刘保平:《次贷危机的未解之谜》[M],机械工业出版社,2008。

[28] 刘煜辉、熊鹏:《资产流动性、投资者情绪与中国封闭式基金之谜》[J],《管理世界》,2004(3)。

[29] 刘菲:《完善我国金融衍生品监管体制的法律思考》[D],华东政法大学,2008。

[30] 陆晓明:《中央银行在控制资产价格膨胀中的作用——一个系统性解决方案》[J],《国际金融研究》,2010(2)。

[31] 欧阳资生、龚曙明:《广义帕累托分布模型——风险管理的工具》[J],《财经理论与实践》,2005(9)。

[32] 任兆璋、李鹏:《中国企业债券价差个体性影响因素的实证分析》[J],《华南理工大学学报》,2006(1)。

[33] 水汝庆:《发展信用衍生产品 完善风险分担机制》[J],《金融市场研究》,2010(12)。

[34] 斯文:《金融危机后全球场外衍生品市场监管改革及借鉴》[J],《金融管理》,2013(3)。

[35] 涂德君:《全球金融危机后的场外金融衍生品市场变革》[J],《中国货币市场》,2010(7)。

[36] 涂志勇、睢岚:《中国另类金融投资》[M],北京大学出版社,2013。

[37] 涂志勇、睢岚、袁鹰:《论信用衍生产品在宏观审慎政策框架中的角色》[J],《上海金融》,2012(8)。

[38] 王丽芳、刘兴革:《我国企业债券信用价差分析》[J],《学术交流》,2007(6)。

[39] 王美今、孙建军:《中国股市收益、收益波动与投资者情绪》[J],《经济研究》,2004(10)。

[40] 谢平、邹传伟:《CDS 的功能不可替代》[J],《金融市场研究》,2010(12)。

[41] 肖元:《合理利用 CRM 提升商业银行经营效率》[J],《金融市场研究》,2010(12)。

[42] 熊和平:《消费习惯、异质偏好与动态资产定价纯交换经济情形》[J],《经济研究》,2005(6)。

[43] 许荣:《金融稳定性研究的新进展——信用风险转移视角的理论综述》[J],《教学与研究》,2008(7)。

[44] 徐琳:《美国信用违约互换市场发展分析》[D],吉林大学,2013。

[45] 徐强:《短期融资券发行利差结构实证分析》[J],《证券市场导报》,2007(3)。

[46] 杨浩:《我国中短期票据信用利差影响因素的实证研究》[D],南京大学,2011。

[47] 杨松、宋怡林:《英国 2009 银行法的发展与评价》[J],《武汉大学国际法评论》,2011(2)。

[48] 尹久等中国人民银行沈阳分行课题组:《如何应对资产价格过度波动——一个新的政策框架》[J],《武汉金融》,2009(12)。

[49]〔加〕约翰·赫尔:《期权、期货及其他衍生产品》[M],机械工业出版社,2008。

[50] 张燃:《信用价差变化的决定因素:一个宏观视角》[J],《当代财经》,2008(9)。

[51] 张波:《次贷危机下的 CDS 市场——风险与变革》[J],《中国货币市场》,2008(10)。

[52] 张波:《信用违约互换市场风险及其监管》[J],《中国保险》,2008(11)。

[53] 张维、张永杰:《异质信念、卖空限制与风险资产价格》[J],《管理科学学报》,2006(9)。

[54] 张晓慧、纪志宏、李斌:《通货膨胀机理变化及政策应对》[J],《世界经济》,2010(3)。

[55] 张明:《次贷危机的传导机制》[J],《国际金融研究》,2008(4)。

[56] 张明:《透视 CDO:类型、构造、评级与市场》[J],《国际金融研究》,2008(6)。

[57] 张利:《美国资产证券化研究》[D],吉林大学,2013。

[58] 张玉智、曹凤岐、赵磊:《我国金融衍生品市场多层次监管体系重构》[J],《中国证券期货》,2009(1)。

[59] 张健华、贾彦东:《宏观审慎政策的理论与实践进展》[J],《金融研究》,2012(1)。

[60] 赵欣颜、李兆军:《由美国次贷危机论我国信用违约互换交易的发展》[J],《商业时代》,2008(8)。

[61] 翟浩、雷晓冰:《后金融危机时代场外衍生品市场监管改革趋势》[J],《上海金融》,2011(12)。

[62] 周小川:《推进中国债务资本市场持续健康发展》[J],《金融市场研究》,2010(12)。

[63] 朱宝军、吴冲锋:《异质投资者与资产定价:一个新的资本资产定价模型》[J],《数量经济与技术经济研究》,2005(6)。

附　　录

1. 联合违约概率

以下展示了如何将联合违约概率(JDP)函数分解为单个主体的违约概率的表达式。JDP函数在计算交易对手方风险时非常重要。

考虑两个主体 A 和 B，设 P_A 代表 A 的违约概率，P_B 代表 B 的违约概率，而 P_{AB} 则代表联合违约概率，即 A 与 B 均违约的概率。随机变量 N_A 和 N_B 是阶梯函数，当相应主体发生违约时它们为 1，否则为 0。假设已先验地知道两主体间发生违约的相关系数，通过把相关系数分解开，可以得到：

$$\rho(N_A, N_B) = \frac{\text{cov}(N_A, N_B)}{\sqrt{\text{var}(N_A)\text{var}(N_B)}} = \frac{E(N_A N_B) - E(N_A)E(N_B)}{\sqrt{(E(N_A^2) - E(N_A)^2)(E(N_B^2) - E(N_B)^2)}}$$

$$\because E(N_A) = P_A, \quad E(N_B) = P_B,$$

$$E(N_A^2) = P_A, \quad E(N_B^2) = P_B, \quad E(N_A N_B) = P_{AB}$$

$$\therefore \rho_{AB} = \frac{P_{AB} - P_A P_B}{\sqrt{P_A(1-P_A)P_B(1-P_B)}}$$

这表明：

$$P_{AB} = P_A P_B + \rho_{AB}\sqrt{P_A(1-P_A)P_B(1-P_B)}$$

2. 新模型的试算结果

附表 1 展示了第三章中基于新模型估计的标的违约强度率、违约回复比率、CRM 的理论价格，以及标的债券的其他相关信息。

附表1 定价结果（依据2012/2/10的信息）

标的债券名称	证券代码	到期日	票面利率	付息频率	标的实体股价波动率	股息支付比率	标的实体的财务杠杆	隐含回复比率	标的违约强度率	CRM价格
03 石油债	038008.IB	2013/10/28	4.11	1	14.73%	1.66%	43.38%	0.0000%	1.4310%	0.6071%
05 国贸债	058035.IB	2015/12/23	4.60	1	22.81%	0.97%	53.45%	0.0000%	1.9065%	1.0266%
06 中原高速债	068010.IB	2016/03/21	4.00	1	21.14%	1.01%	77.92%	43.1215%	2.9653%	0.9177%
06 北辰债	068026.IB	2016/05/29	4.10	1	22.11%	0.45%	63.98%	0.0000%	1.6837%	0.7522%
06 现代投资债	068039.IB	2016/09/30	4.33	1	29.60%	2.22%	29.43%	0.0000%	1.6215%	0.7735%
07 中海油服债	078010.IB	2022/05/14	4.48	1	40.56%	0.56%	55.46%	91.3771%	6.4337%	1.0526%
07 中海集运债	078019.IB	2017/06/12	4.51	1	29.42%	0.11%	41.87%	0.0000%	1.5604%	0.6923%
07 中国铝业债	078020.IB	2017/06/13	4.50	1	30.63%	0.26%	61.94%	52.6616%	3.2970%	0.9936%
07 三一重工债	078031.IB	2017/07/04	5.20	1	32.76%	0.33%	63.86%	66.4615%	4.4852%	1.1203%
07 深高速债	078037.IB	2022/07/31	5.50	1	23.94%	2.01%	57.27%	87.6337%	3.9142%	0.6650%
07 冀东水泥债	078038.IB	2017/08/01	5.49	1	44.17%	0.43%	69.79%	88.1213%	9.3029%	1.3394%
07 沪机场债	078049.IB	2017/09/07	5.20	1	22.80%	0.42%	17.74%	0.0000%	1.5295%	0.7053%
07 安钢债	078057.IB	2017/09/21	5.45	1	22.87%	0.62%	66.84%	21.3041%	2.3247%	1.0362%
07 深能债	078060.IB	2017/09/27	5.25	1	23.47%	1.64%	47.12%	0.0000%	1.2377%	0.5144%
07 红豆债	078065.IB	2014/11/05	6.05	1	42.38%	0.29%	73.27%	73.0026%	8.1483%	1.7993%
07 京城建债	078075.IB	2014/11/21	6.08	1	35.73%	0.56%	68.40%	40.8868%	4.9460%	2.0573%
08 皖华茂债	088002.IB	2018/01/17	6.52	1	45.71%	0.57%	54.95%	71.9456%	10.2188%	3.2421%
08 中冶债	088017.IB	2018/07/23	6.10	1	22.93%	0.00%	82.78%	74.1904%	8.2620%	2.1352%
08 二重债	088047.IB	2015/10/14	6.30	1	37.73%	0.00%	74.16%	65.2193%	10.0608%	3.0735%
09 大唐 MTN1	0982016.IB	2014/03/03	4.10	1	27.94%	0.96%	79.51%	0.0000%	1.6992%	0.6144%

（续表）

标的债券名称	证券代码	到期日	票面利率	付息频率	标的实体股价波动率	股息支付比率	标的实体的财务杠杆	隐含回复比率	标的违约强度率	CRM价格
09 振华 MTN1	0982026.IB	2014/03/13	4.10	1	30.49%	0.36%	66.13%	0.0000%	2.3810%	0.9899%
09 国航股 MTN2	0982028.IB	2014/03/20	3.48	1	32.71%	0.38%	70.91%	0.0000%	2.0716%	0.8292%
09 沪电力 MTN1	0982031.IB	2014/03/25	4.05	1	38.55%	0.57%	72.32%	48.5592%	4.3078%	1.1202%
09 沪电力 MTN2	0982040.IB	2014/04/08	3.95	1	38.55%	0.57%	72.32%	43.3954%	5.1539%	1.5568%
09 中金 MTN2	0982066.IB	2014/05/06	4.60	1	40.04%	0.41%	50.55%	5.3166%	1.8866%	0.7355%
09 华能 MTN1	0982071.IB	2014/05/15	3.72	1	32.96%	2.50%	76.98%	74.2550%	4.6467%	0.6862%
09 大连港 MTN2	0982078.IB	2014/06/03	4.28	1	23.08%	0.00%	54.01%	0.0000%	1.6400%	0.6585%
09 中石化 MTN2	0982091.IB	2012/06/29	2.48	1	20.21%	1.51%	53.71%	0.0000%	0.9498%	0.1400%
09 宝钢 MTN2	0982097.IB	2012/07/01	2.66	1	19.65%	2.93%	52.03%	0.0000%	3.6078%	0.9657%
09 中海发 MTN2	0982154.IB	2012/11/27	4.18	1	30.27%	1.68%	53.50%	0.0000%	2.1613%	1.0254%
09 广深铁 MTN1	0982166.IB	2014/12/17	4.79	1	18.17%	1.50%	21.26%	0.0000%	1.7530%	0.9018%
09 大秦 MTN2	0982167.IB	2012/12/23	4.18	1	20.94%	2.64%	36.11%	0.0000%	2.2562%	1.1843%
10 南车 MTN1	1082013.IB	2013/02/05	4.08	1	35.42%	0.00%	73.09%	0.0000%	2.0574%	1.1909%
10 晨鸣 MTN1	1082045.IB	2013/03/19	4.59	1	27.69%	1.96%	64.52%	0.0000%	3.0776%	1.1023%
10 中航运 MTN1	1082089.IB	2015/04/30	4.48	1	32.46%	1.80%	49.87%	4.5766%	1.4563%	0.5467%
10 中油股 MTN3	1082099.IB	2015/05/20	3.97	1	14.73%	1.66%	43.38%	0.0000%	1.3148%	0.4978%
10 中铝 MTN1	1082122.IB	2015/07/16	4.00	1	30.63%	0.26%	61.94%	10.1261%	1.6708%	0.6766%
10 浦路桥 MTN1	1082133.IB	2013/08/10	3.78	1	36.60%	0.97%	66.04%	0.0000%	3.1962%	1.5853%
10 华电股 MTN1	1082146.IB	2015/08/31	3.78	1	33.81%	0.48%	84.36%	81.2062%	9.6309%	1.6398%
10 皖维 MTN1	1082149.IB	2015/09/03	3.90	1	48.83%	0.11%	51.50%	70.2475%	8.3984%	2.0555%

（续表）

标的债券名称	证券代码	到期日	票面利率	付息频率	标的实体股价波动率	股息支付比率	标的实体的财务杠杆	隐含回复比率	标的违约强度率	CRM价格
10湘电广MTN1	1082186.IB	2015/10/20	4.98	1	38.15%	0.09%	64.74%	55.7470%	6.6202%	2.2814%
10华新MTN2	1082190.IB	2015/10/25	4.80	1	52.33%	0.60%	66.48%	82.0391%	14.5005%	2.8348%
10中冶MTN2	1082204.IB	2015/11/17	4.72	1	22.93%	0.00%	82.78%	36.0531%	3.0287%	1.2256%
10金隅MTN2	1082216.IB	2015/12/07	5.85	1	47.82%	0.00%	72.09%	80.2646%	12.1428%	2.5621%
11山推MTN1	1182015.IB	2016/01/28	5.45	1	43.94%	0.68%	65.11%	78.1473%	9.2623%	2.0849%
11太阳MTN1	1182035.IB	2014/02/22	5.60	1	32.64%	0.80%	69.09%	0.0000%	2.4638%	1.0084%
11葛洲坝MTN1	1182045.IB	2016/02/25	5.85	1	35.28%	0.71%	78.44%	79.4481%	9.5043%	1.5764%
11振华MTN1	1182047.IB	2016/02/25	5.85	1	30.49%	0.36%	66.13%	39.5269%	3.6493%	1.2386%
11渝水利MTN1	1182051.IB	2016/03/01	5.80	1	45.61%	0.62%	62.70%	71.9227%	11.4067%	2.5654%
11明珠MTN1	1182054.IB	2014/03/08	5.43	1	33.35%	0.40%	30.09%	0.0000%	2.2023%	0.8860%
11吉电MTN1	1182055.IB	2014/03/08	5.75	1	32.85%	0.00%	82.54%	49.5732%	8.4125%	2.3678%
11包钢MTN1	1182060.IB	2016/03/10	6.27	1	45.81%	0.72%	72.16%	79.2085%	15.0085%	2.8459%
11宝新MTN1	1182066.IB	2016/03/14	6.27	1	28.06%	0.40%	58.33%	0.0000%	3.0197%	1.5635%
11亚盛MTN1	1182069.IB	2014/03/17	5.35	1	32.73%	0.00%	38.16%	0.0000%	2.9301%	1.3029%
11新中泰MTN2	1182073.IB	2016/03/17	6.23	1	34.76%	0.38%	49.06%	13.8029%	3.2363%	1.4938%
11复星MTN1	1182108.IB	2016/03/31	5.90	1	27.36%	0.66%	46.54%	0.0000%	3.2210%	1.7180%
11特变MTN1	1182137.IB	2016/04/29	5.71	1	31.81%	0.33%	54.68%	14.7790%	2.6531%	1.1828%
11维维MTN1	1182142.IB	2014/04/29	6.20	1	35.85%	0.62%	49.53%	0.0000%	4.5418%	2.3738%
11浙小商MTN1	1182145.IB	2016/05/05	5.67	1	46.34%	0.04%	54.79%	72.5144%	8.4884%	1.8754%
11凯迪MTN1	1182146.IB	2018/05/05	6.27	1	39.12%	0.29%	64.26%	72.9918%	8.9950%	2.3197%

（续表）

标的债券名称	证券代码	到期日	票面利率	付息频率	标的实体股价波动率	股息支付比率	标的实体的财务杠杆	隐含回复比率	标的违约强度率	CRM价格
11福耀 MTN1	1182147.IB	2016/05/05	5.67	1	26.62%	2.16%	50.88%	0.0000%	1.8811%	0.8657%
11中集 MTN1	1182167.IB	2016/05/23	5.23	1	42.54%	1.55%	67.67%	86.3879%	9.8746%	1.3185%
11中化国 MTN1	1182173.IB	2016/06/03	5.22	1	31.99%	1.31%	67.65%	71.5950%	4.8462%	0.9882%
11首创 MTN2	1182181.IB	2016/06/17	5.79	1	34.42%	1.47%	57.98%	62.1029%	5.0054%	1.3328%
11沪电力 MTN1	1182182.IB	2016/06/20	5.79	1	38.55%	0.57%	72.32%	76.1839%	8.8219%	1.8284%
11五洲 MTN2	1182196.IB	2016/07/13	6.34	1	36.66%	0.95%	71.99%	72.2805%	11.1048%	2.8246%
11中建 MTN1	1182205.IB	2016/07/20	5.44	1	23.80%	0.00%	76.98%	24.3823%	1.6427%	0.5808%
11淮柴 MTN1	1182211.IB	2016/07/29	5.65	1	30.96%	0.53%	51.42%	37.3708%	1.9488%	0.6279%
11金晶 MTN1	1182219.IB	2014/08/15	7.20	1	40.69%	0.15%	44.64%	0.0000%	5.4590%	3.3890%
11中煤 MTN1	1182222.IB	2016/08/18	5.65	1	33.47%	0.00%	36.66%	1.6638%	1.2881%	0.5228%
11文传媒 MTN1	1182230.IB	2014/08/26	6.40	1	60.21%	0.10%	38.92%	67.0038%	9.4811%	2.3618%
11竣工业 MTN1	1182235.IB	2014/08/26	6.40	1	34.86%	0.10%	45.72%	0.0000%	3.2223%	1.8014%
11西电 MTN1	1182239.IB	2014/09/02	5.75	1	31.89%	0.00%	48.60%	0.0000%	2.5944%	1.3745%
11天普 MTN1	1182240.IB	2014/09/02	7.24	1	37.38%	0.00%	69.45%	36.5997%	7.1986%	3.1428%
11中铝股 MTN1	1182247.IB	2016/09/09	5.86	1	30.63%	0.26%	61.94%	49.9408%	2.7865%	0.8590%
11上海港 MTN1	1182256.IB	2014/09/22	6.00	1	21.87%	1.57%	37.06%	0.0000%	1.9628%	0.9659%
11科伦 MTN1	1182263.IB	2016/09/30	7.80	1	37.82%	0.00%	24.02%	0.0000%	3.8072%	2.4097%
11夏国集 MTN1	1182266.IB	2014/10/12	7.20	1	26.94%	0.93%	78.87%	48.4740%	7.9811%	3.0817%
11粤高速 MTN1	1182270.IB	2016/10/13	6.79	1	20.62%	2.10%	57.45%	0.0000%	2.0047%	1.0541%
11中铁股 MTN2	1182276.IB	2018/10/17	6.08	1	25.28%	0.47%	82.70%	81.6192%	6.5453%	1.3223%

(续表)

标的债券名称	证券代码	到期日	票面利率	付息频率	标的实体股价波动率	股息支付比率	标的实体的财务杠杆	隐含回复比率	标的违约强度率	CRM价格
11中铁建MTN1	1182277.IB	2018/10/18	6.28	1	28.13%	0.00%	84.68%	81.6294%	6.1835%	1.2285%
11祁水泥MTN1	1182291.IB	2016/10/26	7.99	1	41.62%	0.65%	60.99%	64.0668%	11.7729%	4.1577%
11TCL集MTN2	1182299.IB	2016/11/02	7.12	1	30.99%	0.00%	71.77%	55.7965%	6.1535%	2.1993%
11太不锈MTN2	1182300.IB	2014/11/02	5.51	1	23.69%	1.47%	63.01%	0.0000%	1.6218%	0.7698%
11东软MTN1	1182321.IB	2014/11/14	6.86	1	41.06%	0.19%	30.57%	0.0000%	3.0852%	1.8617%
11津创亚MTN1	1182327.IB	2016/11/17	6.64	1	45.27%	0.77%	58.89%	74.4620%	10.3467%	2.7310%
11沪豫园MTN1	1182330.IB	2016/11/17	6.64	1	31.13%	0.30%	50.54%	3.7028%	3.0436%	1.8140%
11铁二股MTN1	1182345.IB	2014/11/23	6.65	1	36.65%	0.69%	85.43%	83.0512%	18.3574%	3.3633%
11新天山MTN1	1182347.IB	2016/11/24	5.83	1	41.82%	0.64%	64.30%	77.2263%	9.1803%	2.1521%
11亚泰MTN2	1182350.IB	2016/11/25	6.74	1	33.38%	0.57%	66.74%	59.9032%	7.4035%	2.5998%
11马钢MTN1	1182356.IB	2014/11/28	5.73	1	23.20%	1.14%	65.65%	0.0000%	2.2475%	1.2479%
11中远MTN1	1182359.IB	2018/11/30	5.45	1	35.70%	0.75%	64.44%	82.0737%	6.4659%	1.3211%
11金正大MTN1	1182372.IB	2014/12/09	6.80	1	40.71%	0.00%	36.13%	0.0000%	3.4309%	2.1862%
11原环保MTN1	1182396.IB	2014/12/21	8.50	1	46.22%	0.00%	34.39%	0.0000%	5.2531%	3.7363%
11梅花MTN1	1182401.IB	2014/12/27	6.75	1	46.92%	0.45%	58.37%	61.6339%	8.5043%	2.7836%
12云铝MTN1	1282008.IB	2017/01/11	7.20	1	43.84%	1.19%	63.42%	73.6845%	12.9684%	3.9572%
12开滦股MTN1	1282010.IB	2017/01/12	5.71	1	39.52%	1.06%	59.73%	72.1958%	8.1632%	2.2666%
12珠啤MTN1	1282014.IB	2015/01/13	6.63	1	40.57%	0.00%	42.74%	0.0000%	3.4134%	2.2513%
12天原MTN1	1282019.IB	2015/01/17	6.63	1	43.59%	0.00%	63.21%	59.4942%	7.6787%	2.6462%
12大重MTN1	1282024.IB	2017/02/09	6.43	1	43.53%	0.01%	65.99%	73.6254%	9.6071%	2.1307%

3. 基于新模型的 CRM 价格的回复比率弹性及标的违约强度率弹性的数值结果

附表 2 和附表 3 显示了,在不同的回复比率及标的违约强度率组合下,CRM 价格的回复比率弹性及标的违约强度率弹性的数值结果。

附表 2 CRM 价格的回复比率弹性

标的违约强度率	回复比率								
	10.0%	20.0%	30.0%	40.0%	50.0%	60.0%	70.0%	80.0%	90.0%
1.00%	−0.1027	−0.2298	−0.3912	−0.6025	−0.8907	−1.3065	−1.9578	−3.1217	−5.7909
1.50%	−0.1017	−0.2279	−0.3884	−0.5989	−0.8864	−1.3017	−1.9532	−3.1192	−5.7992
2.00%	−0.1007	−0.2260	−0.3856	−0.5952	−0.8819	−1.2968	−1.9483	−3.1160	−5.8053
2.50%	−0.0998	−0.2241	−0.3828	−0.5915	−0.8775	−1.2918	−1.9433	−3.1126	−5.8107
3.00%	−0.0988	−0.2222	−0.3799	−0.5878	−0.8730	−1.2867	−1.9382	−3.1090	−5.8157
3.50%	−0.0979	−0.2203	−0.3771	−0.5841	−0.8685	−1.2816	−1.9330	−3.1053	−5.8204
4.00%	−0.0969	−0.2184	−0.3743	−0.5804	−0.8640	−1.2766	−1.9279	−3.1015	−5.8250
4.50%	−0.0960	−0.2165	−0.3715	−0.5767	−0.8595	−1.2715	−1.9227	−3.0977	−5.8294
5.00%	−0.0951	−0.2147	−0.3687	−0.5730	−0.8551	−1.2664	−1.9175	−3.0938	−5.8337
5.50%	−0.0941	−0.2128	−0.3659	−0.5694	−0.8506	−1.2613	−1.9122	−3.0899	−5.8379
6.00%	−0.0932	−0.2110	−0.3632	−0.5657	−0.8461	−1.2562	−1.9070	−3.0860	−5.8420
6.50%	−0.0923	−0.2091	−0.3604	−0.5621	−0.8417	−1.2511	−1.9017	−3.0820	−5.8461
7.00%	−0.0914	−0.2073	−0.3576	−0.5584	−0.8372	−1.2461	−1.8965	−3.0780	−5.8500
7.50%	−0.0905	−0.2055	−0.3549	−0.5548	−0.8328	−1.2410	−1.8912	−3.0740	−5.8539
8.00%	−0.0895	−0.2036	−0.3522	−0.5512	−0.8283	−1.2359	−1.8859	−3.0699	−5.8578
8.50%	−0.0887	−0.2018	−0.3495	−0.5476	−0.8239	−1.2308	−1.8806	−3.0658	−5.8616
9.00%	−0.0878	−0.2000	−0.3467	−0.5440	−0.8195	−1.2257	−1.8753	−3.0617	−5.8653
9.50%	−0.0869	−0.1982	−0.3440	−0.5404	−0.8150	−1.2206	−1.8700	−3.0576	−5.8689
10.00%	−0.0860	−0.1965	−0.3414	−0.5368	−0.8106	−1.2155	−1.8647	−3.0534	−5.8725
10.50%	−0.0851	−0.1947	−0.3387	−0.5332	−0.8062	−1.2105	−1.8594	−3.0492	−5.8760
11.00%	−0.0842	−0.1929	−0.3360	−0.5297	−0.8018	−1.2054	−1.8540	−3.0450	−5.8795
11.50%	−0.0834	−0.1912	−0.3334	−0.5261	−0.7974	−1.2003	−1.8487	−3.0407	−5.8829
12.00%	−0.0825	−0.1894	−0.3307	−0.5226	−0.7931	−1.1952	−1.8434	−3.0365	−5.8863
12.50%	−0.0817	−0.1877	−0.3281	−0.5191	−0.7887	−1.1902	−1.8380	−3.0322	−5.8896
13.00%	−0.0808	−0.1860	−0.3255	−0.5156	−0.7844	−1.1851	−1.8327	−3.0279	−5.8929

(续表)

标的违约强度率	回复比率								
	10.0%	20.0%	30.0%	40.0%	50.0%	60.0%	70.0%	80.0%	90.0%
13.50%	-0.0800	-0.1842	-0.3229	-0.5121	-0.7800	-1.1801	-1.8273	-3.0236	-5.8961
14.00%	-0.0791	-0.1825	-0.3203	-0.5086	-0.7757	-1.1750	-1.8220	-3.0193	-5.8992
14.50%	-0.0783	-0.1808	-0.3177	-0.5051	-0.7713	-1.1700	-1.8166	-3.0149	-5.9023
15.00%	-0.0775	-0.1791	-0.3151	-0.5016	-0.7670	-1.1650	-1.8113	-3.0105	-5.9054
15.50%	-0.0766	-0.1775	-0.3125	-0.4982	-0.7627	-1.1599	-1.8059	-3.0061	-5.9084
16.00%	-0.0758	-0.1758	-0.3100	-0.4947	-0.7584	-1.1549	-1.8005	-3.0017	-5.9113
16.50%	-0.0750	-0.1741	-0.3075	-0.4913	-0.7542	-1.1499	-1.7952	-2.9973	-5.9142
17.00%	-0.0742	-0.1725	-0.3049	-0.4879	-0.7499	-1.1449	-1.7898	-2.9928	-5.9170
17.50%	-0.0734	-0.1709	-0.3024	-0.4845	-0.7456	-1.1399	-1.7844	-2.9884	-5.9198
18.00%	-0.0726	-0.1692	-0.2999	-0.4811	-0.7414	-1.1349	-1.7791	-2.9839	-5.9225
18.50%	-0.0718	-0.1676	-0.2974	-0.4778	-0.7372	-1.1299	-1.7737	-2.9794	-5.9252
19.00%	-0.0711	-0.1660	-0.2950	-0.4744	-0.7329	-1.1250	-1.7683	-2.9749	-5.9278
19.50%	-0.0703	-0.1644	-0.2925	-0.4711	-0.7287	-1.1200	-1.7630	-2.9703	-5.9303
20.00%	-0.0695	-0.1628	-0.2900	-0.4677	-0.7245	-1.1150	-1.7576	-2.9658	-5.9329

附表3 CRM价格的标的违约强度率弹性

标的违约强度率	回复比率								
	10.0%	20.0%	30.0%	40.0%	50.0%	60.0%	70.0%	80.0%	90.0%
1.00%	1.7742	1.7761	1.7779	1.7798	1.7815	1.7831	1.7845	1.7854	1.7847
1.50%	1.5010	1.5039	1.5067	1.5095	1.5122	1.5148	1.5171	1.5187	1.5186
2.00%	1.3907	1.3946	1.3984	1.4021	1.4057	1.4092	1.4123	1.4147	1.4148
2.50%	1.3307	1.3355	1.3402	1.3449	1.3494	1.3538	1.3577	1.3608	1.3611
3.00%	1.2930	1.2987	1.3044	1.3100	1.3154	1.3207	1.3254	1.3292	1.3296
3.50%	1.2673	1.2739	1.2805	1.2871	1.2934	1.2995	1.3051	1.3095	1.3102
4.00%	1.2489	1.2564	1.2639	1.2714	1.2786	1.2856	1.2920	1.2971	1.2979
4.50%	1.2352	1.2436	1.2520	1.2604	1.2686	1.2764	1.2836	1.2893	1.2904
5.00%	1.2248	1.2341	1.2434	1.2526	1.2617	1.2705	1.2785	1.2849	1.2861
5.50%	1.2167	1.2269	1.2371	1.2473	1.2572	1.2669	1.2757	1.2828	1.2842
6.00%	1.2105	1.2215	1.2326	1.2437	1.2545	1.2650	1.2747	1.2824	1.2841

(续表)

标的违约强度率	回复比率								
	10.0%	20.0%	30.0%	40.0%	50.0%	60.0%	70.0%	80.0%	90.0%
6.50%	1.2056	1.2175	1.2295	1.2414	1.2531	1.2645	1.2750	1.2834	1.2853
7.00%	1.2018	1.2146	1.2274	1.2402	1.2528	1.2650	1.2763	1.2854	1.2875
7.50%	1.1988	1.2124	1.2261	1.2398	1.2533	1.2663	1.2785	1.2882	1.2906
8.00%	1.1966	1.2110	1.2256	1.2401	1.2544	1.2684	1.2813	1.2918	1.2944
8.50%	1.1949	1.2102	1.2256	1.2409	1.2561	1.2709	1.2847	1.2958	1.2987
9.00%	1.1937	1.2098	1.2260	1.2422	1.2583	1.2740	1.2885	1.3004	1.3035
9.50%	1.1930	1.2099	1.2269	1.2439	1.2609	1.2774	1.2927	1.3053	1.3087
10.00%	1.1926	1.2102	1.2281	1.2460	1.2637	1.2811	1.2973	1.3105	1.3142
10.50%	1.1924	1.2109	1.2296	1.2483	1.2669	1.2851	1.3021	1.3160	1.3199
11.00%	1.1926	1.2118	1.2313	1.2508	1.2703	1.2893	1.3071	1.3217	1.3259
11.50%	1.1930	1.2130	1.2332	1.2535	1.2738	1.2937	1.3123	1.3277	1.3321
12.00%	1.1936	1.2143	1.2353	1.2565	1.2776	1.2982	1.3177	1.3337	1.3385
12.50%	1.1943	1.2158	1.2376	1.2595	1.2814	1.3029	1.3232	1.3400	1.3450
13.00%	1.1952	1.2174	1.2400	1.2627	1.2854	1.3078	1.3288	1.3463	1.3517
13.50%	1.1963	1.2192	1.2425	1.2660	1.2895	1.3127	1.3345	1.3527	1.3584
14.00%	1.1975	1.2211	1.2451	1.2694	1.2937	1.3177	1.3403	1.3592	1.3653
14.50%	1.1988	1.2231	1.2478	1.2729	1.2980	1.3228	1.3462	1.3658	1.3722
15.00%	1.2001	1.2251	1.2506	1.2764	1.3023	1.3279	1.3522	1.3725	1.3792
15.50%	1.2016	1.2273	1.2535	1.2800	1.3067	1.3331	1.3581	1.3792	1.3862
16.00%	1.2032	1.2295	1.2564	1.2837	1.3112	1.3383	1.3642	1.3859	1.3933
16.50%	1.2048	1.2318	1.2594	1.2874	1.3156	1.3436	1.3702	1.3927	1.4004
17.00%	1.2065	1.2341	1.2624	1.2911	1.3201	1.3489	1.3763	1.3995	1.4076
17.50%	1.2083	1.2365	1.2654	1.2949	1.3247	1.3542	1.3824	1.4063	1.4148
18.00%	1.2101	1.2389	1.2685	1.2987	1.3292	1.3595	1.3885	1.4131	1.4220
18.50%	1.2119	1.2414	1.2716	1.3025	1.3338	1.3648	1.3946	1.4199	1.4292
19.00%	1.2139	1.2439	1.2748	1.3064	1.3383	1.3702	1.4007	1.4268	1.4364
19.50%	1.2158	1.2464	1.2779	1.3102	1.3429	1.3755	1.4068	1.4336	1.4436
20.00%	1.2178	1.2490	1.2811	1.3141	1.3475	1.3808	1.4129	1.4404	1.4508